초 5~6

# 와작 비문학

## 1호

행복한 논술 편집부 엮음

# 머리말

지침서와 주제 연계 도서 목록은 출판사의 홈페이지(www.niefather.com) 자료실에 있습니다.

대학수학능력시험(이하 수능)의 국어 영역 비문학이 갈수록 까다로워지고 있습니다. 대학의 당락을 좌우하고, 삶의 갈림길을 만든다고 해도 지나치지 않습니다.

비문학을 어렵게 출제하는 까닭은 수능 전체의 변별력을 확보하려면 어쩔 수 없는 선택으로 보입니다. 영어가 절대 평가로 전환된 데다, 수학은 난도가 너무 높으면 수포자를 양산하고 사교육을 부추긴다는 지탄을 받기 때문이지요. 게다가 국어에서 비문학의 난도가 낮고 융복합적 사고력을 평가하는 문제가 없을 경우 문과 학생들이 유리해지는 형평성 논란이 생길 수 있습니다. 4차 산업 혁명에서 요구하는 능력도 문이과를 넘나드는 입체적인 사고력입니다.

문제는 비문학 지문을 벼락치기로 해결하기 어렵다는 것입니다. 초등학교 때부터 교과와 관련된 다양한 분야의 책을 읽어서 기본 개념과 전문 용어를 익혀야 짧은 시간에 긴 지문을 읽어 낼 수 있습니다.

수능 국어는 16쪽에 걸쳐 45문제가 출제됩니다. 글자 수만 띄어쓰기를 포함해 3만 6000자가 넘습니다. 200자 원고지로 180장 분량인데, 80분 안에 풀어야 합니다. 1분에 450자를 독파해야 하는 엄청난 속도입니다. 그러니 평소에 읽는 훈련이 부족하면 감당하기 어렵습니다.

어떤 학부모님들은 의학 지문이 킬러 문항으로 나오면, 그때부터 의대생에게 비싼 돈을 주고 과외를 시키기도 합니다. 그렇다고 다음번 수능에 의학 지문이 거푸 출제되지는 않습니다. 땜질식으로 처방하면 결국 시간과 돈만 낭비하는 꼴이지요.

비문학 지문을 뜯어보면 지문 안에 이미 답이 있습니다. 복잡한 공식을 모른다고 풀지 못할 문제는 아닙니다. 다만 과학이든 경제든 재빨리 읽고 이해하는 능력과 논리적 사고력이 발휘되어야 합니다.

문제는 비문학에 대비하기 위해 호흡이 긴 책들을 무턱대고 읽으면 지치고 싫증이 날 수 있습니다. 따라서 각 영역의 기본 지식을 압축해 공부하면서 독해력과 논리력을 자연스럽게 기를 수 있는 입문서가 필요합니다.

시중에는 다양한 영역을 넘나들면서 학생들의 눈높이에 맞춰 균질한 지식을 제공할 수 있는 교재가 잘 보이지 않습니다. 이러한 교재가 나오려면 수많은 전문가가 머리를 맞대고 숙의하는 과정을 거쳐야 하기 때문입니다.

『와작 비문학』 시리즈는 수능 비문학의 고민을 해결해 줄 수 있는 입문서라고 할 수 있습니다. 초등학교 5~6학년, 중학교 1~2학년, 고등학교 1학년용 등 3수준 각 2권으로 구성됩니다. 수준별로 수능이 요구하는 자연과학과 사회과학의 세부 영역을 40개 주제로 압축해 20개씩 2권에 나누어 담았습니다. 각각의 주제는 산지식을 공부할 수 있게 되도록 최근 시사와 연계했습니다. 3개의 지문을 읽고 7문제를 푸는 형식인데, 모두 서술형입니다. 학교 시험에서 출제하는 서술형 문제에도 대비하도록 한 것입니다. 각 문제는 독해력과 논리력을 향상시키는 데 집중했습니다. 중학생용부터는 마지막 7번 문항에 본문 1쪽 분량을 200~250자로 요약하는 문제를 냈습니다. 순식간에 요지를 파악하는 훈련을 하도록 만든 장치입니다.

교재 말미에는 예시 답안을 충실히 제시했습니다. 그리고 주제를 심화시켜 공부하려는 학생들을 위해 관련 도서를 엄선해 본사 홈페이지(www.niefather.com) 자료실에 올렸습니다. 혼자 공부하기 어려운 학생들을 가르치는 교사를 위한 지침서도 만들어 함께 탑재했습니다.

지금 초등학교 5~6학년이 수능 시험을 볼 때는 현행 수능처럼 배경 지식을 평가하는 객관식과 논리력을 평가하는 논술 시험 가운데 하나를 선택하거나, 두 가지를 함께 평가하는 체제로 바뀔 수 있습니다. 모쪼록 이 교재를 공부하면서 수능에 자신감을 가지고 4차 산업 혁명 시대가 요구하는 인재로 거듭나기를 소망합니다.

행복한 논술 편집부

# 차례

## 자연과학

**01.** 태양을 이용해 전기를 생산하는 방법    9
- 지구 109배 크기… 스스로 빛을 내
- 전기를 어떻게 생산할까
- 태양을 이용한 발전의 장단점

**02.** 태풍은 왜 생길까    17
- 태풍이란 무엇인가
- 태풍의 발생과 소멸 과정
- 태풍이 거세지는 까닭

**03.** 사막화 왜 빨라지나    25
- 사막화란 무엇인가
- 사막화의 원인과 피해
- 사막화 방지를 위한 노력

**04.** 도시 폭염이 생기는 까닭    33
- 폭염이란 무엇인가
- 온난화와 냉방 기기 사용 등이 원인
- 도시 폭염 왜 문제가 되나

**05.** 인류는 화성에서 살 수 있을까    41
- 인류의 생존 조건과 화성 이주 계획
- 화성은 어떤 곳일까
- 화성 도시가 갖춰야 할 조건

**06.** 단풍이 드는 원리    49
- 사계절 뚜렷한 곳에서만 단풍 들어
- 겨울잠을 준비하는 과정
- 단풍이 곱게 들기 위한 조건

**07.** 천적을 이용한 농사법    57
- 천적 이용하면 환경 파괴 막을 수 있어
- 농약 사용 줄여야 천적 보호
- 잔물땡땡이는 장구벌레 잡아먹어 전염병 줄여

## 08. 배양육이 환경 오염 줄일 수 있을까    65
- 배양육을 왜 개발할까    • 배양육 어떻게 만드나
- 배양육이 환경에 도움될까

## 09. 꿀벌이 멸종하면 인류도 멸망할까    73
- 꿀벌은 어떤 곤충인가    • 꿀벌이 왜 떼죽음할까
- 꿀벌 멸종을 막기 위한 노력

## 10. 감염병의 숙주가 된 박쥐    81
- 박쥐는 어떤 동물인가    • 박쥐는 왜 '바이러스의 창고'일까
- 박쥐가 옮기는 질병이 왜 늘어날까

# 사회과학

## 11. 여성 참정권의 역사    89
- 참정권이란 무엇인가    • 목숨 걸고 싸워서 얻은 외국의 여성 참정권
- 우리나라는 여성 참정권 약해

## 12. 무역을 하는 까닭    97
- 상품을 수출하거나 수입하는 것이 무역    • 무역이 이루어지는 까닭
- 우리나라는 가공 무역 많아

## 13. 식물 공장이 인기를 끄는 까닭    105
- 식량 부족 문제 해결하고 환경에도 도움    • 영양액과 빛 등 자동 조절
- 날씨 영향 없고 도심에서도 가능

## 14. 미세 먼지가 일으키는 피해     113
- 미세 먼지와 황사의 다른 점    • 미세 먼지가 발생하는 원인
- 폐암 일으키고 농작물에도 피해 줘

## 15. 고인돌을 왜 만들었을까     121
- 고인돌이란 무엇인가    • 탁자식 고인돌을 만드는 요령
- 무덤인가 제단인가

## 16. 국보란 무엇인가     129
- 문화재란 무엇인가    • 국보 어떻게 정해지나
- 국보 어떤 게 있나

## 17. 세계문화유산 석굴암     137
- 석굴암을 지은 이유    • 석굴암에 이용된 과학 원리
- 세계문화유산에 오른 까닭

## 18. 발견과 발명     145
- 발견과 발명의 차이    • 어떤 발명품이 인기를 끄나
- 발명의 힘은 호기심에서 나와

## 19. 냉장고가 바꾼 인류의 생활     153
- 옛날에는 석빙고에 얼음 보관    • 인쇄판 닮다 발명
- 냉장고가 일으킨 식생활의 변화

## 20. 디지털 영상 지도를 만드는 방법     161
- 인공 지능 기술이 만든 디지털 영상 지도    • 항공 사진을 이용한 디지털 지도 만들기
- 교통이나 관광 등 다양한 분야에 쓰여

### 예시 답안     169

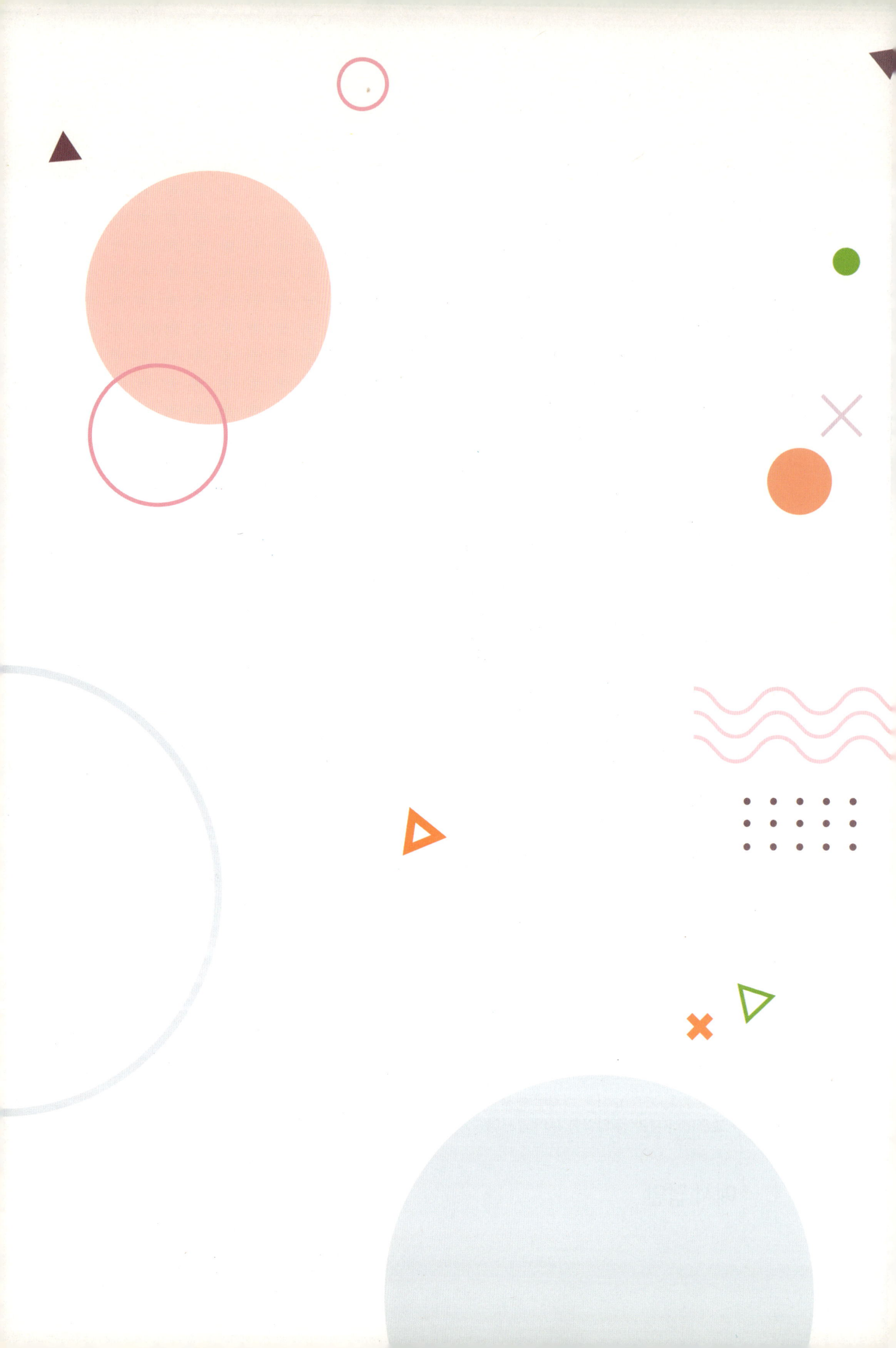

# 태양을 이용해 전기를 생산하는 방법

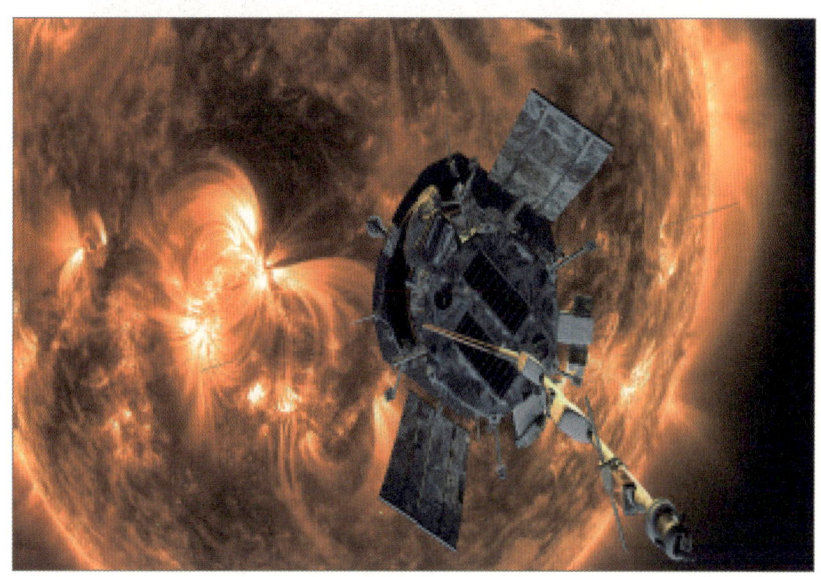

▲인류 최초의 태양 탐사선인 '파커'가 태양을 향해 날아가는 모습을 상상한 그림.

지난 2018년 8월 미국은 태양을 탐사할 목적으로 우주선을 발사했어요. 태양을 더 자세히 알기 위해서입니다. 태양은 지구를 밝고 따뜻하게 만들어 주는 별입니다. 태양에서 나오는 빛과 열로 전기를 만들 수도 있지요. 태양이 어떤 별이고, 태양 에너지로 전기를 어떻게 만드는지 알아봅니다.

## 지구 109배 크기… 스스로 빛을 내

▲태양(왼쪽 붉은 별)과 태양계의 8개 행성을 나타낸 그림. 왼쪽에서 세 번째 행성이 지구다.

태양은 지구에서 평균 1억 4960만 km쯤 떨어져 있는 별이다. 크기는 지구의 109배이고, 질량은 33만 배나 된다.

태양은 스스로 빛을 내는데, 표면 온도는 섭씨 약 6000도다. 태양처럼 스스로 빛을 내는 천체를 별(또는 항성)이라고 한다.

태양은 지구를 포함해 모두 8개의 행성을 거느리고 있다. 이들 행성은 태양의 둘레를 규칙적으로 공전한다. 행성의 이름은 태양에서 가까운 순서로 수성, 금성, 지구, 화성, 목성, 토성, 천왕성, 해왕성이다. 앞의 행성 네 개는 지구형 행성, 나머지 행성은 목성형 행성이라고 부른다. 지구형 행성은 지구와 크기가 비슷하며 단단한 고체로 이뤄져 있다. 목성형 행성은 지구보다 4배 이상 크며, 주로 기체로 구성되어 있다.

태양계에서는 지구에만 생명체가 산다. 다른 행성은 태양과 너무 가까워서 뜨겁거나, 너무 멀어 차가운 탓에 생명체가 살 수 없다. 태양에서 방출되는 빛은 지구에 도달해 낮과 밤을 만들고, 사계절과 기후도 만든다. 햇빛은 또 식물에게 필요한 영양분을 만들도록 돕는다. 태양에서 오는 빛이 없으면 지구는 어두컴컴해지고 꽁꽁 얼어붙는다. 그리고 식물은 말라 죽으며, 동물은 영양소가 부족해 질병에 걸린다.

**이런 뜻 이에요**

**질량** 물질이 가지고 있는 고유한 양. 무게와 비슷하지만 무게엔 지구가 당기는 힘이 포함돼 있다.

## 전기를 어떻게 생산할까

태양의 내부에는 수소라는 원자가 가득 들어 있다. 수소는 빠르게 움직이면서 서로 부딪히고 합쳐지는데, 이때 엄청난 양의 빛과 열이 발생해 우주로 달아나고 지구에도 도달한다.

▲대구에 있는 태양열 발전소.

태양 에너지가 1시간 동안 지구에 내리쬐는 양은 78억 명에 이르는 세계 인구가 1년간 소비하는 에너지와 맞먹는다. 세계 여러 나라는 현재 태양 에너지를 이용해 전기를 만들고 있다. 태양 에

▲서울 암사정수장에 있는 태양광 발전소.

너지로 전기를 만드는 방법은 열과 빛을 이용하는 두 가지 방법이 있다.

열을 이용하는 방법은, 수많은 거울로 햇빛을 반사시킨 뒤 한 점에 집중시켜 얻은 열을 사용한다. 이 열로 물을 끓여 증기를 발생시키고, 그 증기로 발전기를 돌려 전기를 생산하는 것이다.

빛을 이용하는 경우 태양전지에 햇빛을 비추면 된다. 이때 전지에 들어 있는 입자들이 활발하게 움직이면서 전기가 발생한다. 그런데 태양전지 하나는 작은 전구 하나를 겨우 밝힐 만큼 약한 전기를 생산하기 때문에, 여러 개의 태양전지를 연결해 태양광 발전 장치 하나를 만든다.

태양열 발전은 물을 끓여 수증기를 발생시켜야 전기를 생산할 수 있기 때문에 태양광 발전보다 전기를 만들어 내는 효율이 떨어진다. 그래서 태양열 에너지는 난방 시설에 더 많이 쓰인다.

**이런 뜻이에요**
원자 물질을 구성하는 아주 작은 입자.

## 태양을 이용한 발전의 장단점

태양 에너지는 다 써서 사라지는 화석 연료 문제와 환경 오염을 해결할 열쇠다.

지구에 남은 석유와 석탄, 천연가스 등 화석 연료는 앞으로 100년 안에 모두 소비될 가능성이 크다. 이에 비해 태양은 앞으로도 약 50억 년은 더 빛과 열을 내뿜을 것으로 예상된다. 태양 에너지는 오염 물질을 배출하지 않고 소음 공해도 없다. 이에 비해 화석 연료는 전기를 만들기 위해 태우면 온실가스인 이산화탄소를 배출한다. 그리고 미세 먼지가 나와 사람의 건강도 위협한다.

▲충남 보령에 있는 화력 발전소. 석탄을 태우기 때문에 미세 먼지와 매연이 생겨 환경이 오염된다.

우리나라는 정부가 태양광 발전에 드는 비용을 지원하기도 한다. 많은 국민이 태양광 발전을 이용하면 전기료를 절약하고 환경도 보호할 수 있기 때문이다. 서울시 노원구의 경우 소형 태양광 발전기를 설치하는 가정에는 7만 원의 보조금을 1회 지급한다.

문제는 태양 에너지로 전기를 생산하면 화석 연료보다 비용이 더 많이 드는 데 있다. 석탄으로 전기 1킬로와트를 생산할 경우 90원이 먹히지만, 태양광은 220원이 든다. 흐린 날이나 밤에는 전기를 생산할 수 없는 단점도 있다. 또 같은 양의 전기를 생산할 때, 태양 에너지를 이용한 발전소를 만들려면 화력 발전소보다 20배 이상 넓은 땅이 필요하다.

생각이 쑥쑥

**1** 행성과 항성(별)을 구분하는 기준을 말해 보세요.

▲태양이 떠오르는 모습. 태양은 스스로 빛을 낸다.

### 머리에 쏘옥

### 태양과 지구의 생명체

지구는 태양과 거리가 적당해 생명체가 살기에 좋은 자연 환경을 갖추고 있습니다. 생명체가 살기 위해선 액체 상태의 물이 있어야 하고, 기온도 알맞아야 합니다.

이에 비해 지구 다음으로 태양에 더 가까운 금성은 표면 온도가 400도가 넘어 생명체가 살기 어렵답니다. 지구 다음으로 더 먼 화성은 평균 온도가 영하 63도여서 생명체가 살기 어렵지요. 다만 영상 35도까지 오르기도 하기 때문에 생명체가 사는지 탐사하고 있지요.

▲화성 탐사선이 촬영한 화성의 표면. 지구를 닮았다.

**2** 태양계 행성을 지구형과 목성형으로 분류하고 각각의 특징을 설명하세요.

|  | 지구형 | 목성형 |
|---|---|---|
| 행성 이름 |  |  |
| 특징 |  |  |

**3** 태양계 행성 가운데 지구에만 생명체가 살 수 있는 까닭은 무엇인가요?

▲지구에는 생물이 사는 데 필요한 산소와 숲이 풍부하다.

생각이 쏘옥

**4** 태양열보다 태양광을 발전에 더 많이 사용하는 이유를 들어 보세요.

> **머리에 쏘옥**
>
> ### 태양광 발전기를 설치하면 돈을 주는 이유
>
> 우리 정부는 태양광 발전 등 친환경 에너지를 사용한 전기 생산을 늘리기 위해 노력하고 있습니다.
>
> 화력 발전은 지구 온난화를 일으키고 미세 먼지를 발생시킵니다. 원자력 발전은 사고가 날 경우 많은 사람이 죽거나 다칩니다.
>
> 그런데 태양광을 이용해 많은 전기를 생산하려면 넓은 땅이 필요합니다. 대신 집집마다 작은 태양광 발전기를 설치하면 이러한 문제를 해결할 수 있습니다.
>
> 그래서 정부는 더 많은 사람이 태양광 발전기를 설치하도록 보조금을 주고 있습니다.

**5** 12쪽 밑줄 친 부분에서 태양광 발전기를 설치하는 가정에 돈을 주는 이유를 아는 대로 말해 보세요.

▲아파트 베란다 밖에 태양광 발전기를 설치한 가정.

**6** 우리 동네 가로등을 밤과 낮의 영향 없이 전기를 스스로 해결할 수 있도록 설계해 보세요.

▲전기를 스스로 해결할 수 있도록 설계된 독립형 가로등.

> ### 머리에 쏘옥
> **지구 온난화와 화석 연료 사용**
>
> 지구 온난화는 기온이 점점 높아지는 현상을 말합니다. 지구의 대기에 이산화탄소나 메테인 등 온실가스가 점점 늘어나면서 열을 많이 붙잡기 때문입니다.
>
> 온실가스는 석탄과 석유, 가스 등 화석 연료를 태울 때 주로 발생합니다.
>
> 이에 비해 태양 에너지는 사용해도 고갈되지 않고, 온실가스도 배출되지 않습니다.
>
> 우리나라 등 세계 여러 나라가 화석 연료의 사용을 줄이고, 태양 에너지를 이용한 발전에 투자하는 이유도 여기에 있습니다.

**7** 태양 에너지를 이용한 발전의 필요성을 지구 온난화와 화석 연료의 고갈을 예로 들어 설명하세요(300자).

▲바다에서 원유를 찾는 모습. 지구에는 이제 인류가 70년쯤 사용할 수 있는 양만 남아 있다.

자연과학

# 태풍은 왜 생길까

▲태풍은 더운 지역의 열을 추운 지역으로 옮겨 지구의 적정 온도를 유지하도록 돕는다.

우리나라에는 여름부터 가을 사이에 폭풍우를 동반한 태풍이 붑니다. 태풍이 불면 건물이 물에 잠기고, 각종 시설물이 파괴되기도 하지요. 사람의 생명도 위험합니다. 이에 비해 지구의 온도를 일정하게 유지하고, 가뭄을 해결해 주는 등 도움도 줍니다. 태풍이 어떻게 만들어지는지 공부하고, 태풍이 갈수록 거세지는 까닭을 탐구합니다.

# 태풍이란 무엇인가

▲태풍의 눈의 모습.

우리나라에 부는 태풍은 주로 7월부터 10월 사이에 북태평양의 열대 바다에서 발생한다. 그리고 서해안이나 남해안으로 올라와 북동쪽으로 이동하다 사라진다.

태풍은 강한 폭풍우를 동반한 열대 저기압인데, 중심부의 최대 풍속이 17m를 넘어야 한다. 규모가 작은 것은 지름이 200km, 큰 것은 1500km에 이른다. 태풍의 중심부는 날씨가 맑고 바람이 없는데, '태풍의 눈'이라고 한다. 태풍의 눈은 태풍의 크기에 따라 지름이 20~200km에 달한다. 태풍의 눈을 중심으로 40~100km 안에서는 강풍이 분다.

태풍이 지나간 곳은 건물이 무너지고, 전기나 통신 시설 등 각종 시설물이 파괴되기도 한다. 짧은 시간에 많은 비가 내려 강과 하천이 넘치며 건물이 물에 잠기고, 산사태가 난다. 사람이 죽거나 다치고, 재산 피해도 크다.

태풍이 주는 이익도 있다. 더운 지역의 열을 추운 지역으로 옮겨서 지구가 적정한 온도를 유지할 수 있도록 돕는다. 바닷물을 뒤섞어 바다 속에 산소를 공급하고, 바다 생태계를 건강하게 만든다. 여름의 무더위를 식힐 뿐 아니라 가뭄도 해결해 준다.

## 태풍의 발생과 소멸 과정

바람은 공기가 이동하면서 발생한다. 공기의 입자가 많은 곳(고기압)에서 적은 곳(저기압)으로 이동하는데, 기압의 차이가 클수록 강해진다.

태풍은 열대 바다에서 시작된다. 여름에 뜨거운 햇볕이 바다 표면의 공기를 달구면, 달아오른 공기는 열을 머금고 수증

▲바람은 고기압에서 저기압을 향해 분다.

기가 되어 높이 올라가 구름을 만든다. 그러면 이 지역은 저기압이 되어 주변의 공기가 빠르게 빨려 들어가면서 강한 바람이 일어난다. 여기에 지구가 자전하는 힘이 더해져 소용돌이가 커지면 태풍으로 발전한다.

태풍은 바다를 지나면서 수증기를 공급 받아 많은 비를 품는다. 태풍은 주로 대만과 일본, 우리나라 부근까지 올라와 많은 비바람을 뿌린다. 육지에 올라오면 수증기를 공급 받지 못하므로 소멸한다. 태풍은 발생부터 소멸까지 7~10일쯤 걸린다.

태풍이 진행하는 방향의 왼쪽보다 오른쪽 지역의 피해가 크다. 우리나라 근처에서 부는 편서풍의 영향 때문이다. 태풍은 시계 반대 방향으로 돌면서 이동한다. 따라서 편서풍은 태풍의 왼쪽에서 부는 바람을 방해해 바람의 속도를 늦춘다. 하지만 오른쪽은 태풍의 속도에 편서풍의 속도가 더해져 더욱 빨라진다.

**이런 뜻이에요**
편서풍 위도 30~65도의 중위도 지방에서 일 년 내내 서쪽에서 동쪽으로 치우쳐 부는 바람.

## 태풍이 거세지는 까닭

▲태풍에 휩쓸려 나무가 쓰러져 있다.

2000년대 들어 태풍이 더욱 거세지고 있다. 최대 풍속이 30~50m를 넘어서 자동차를 뒤집고 건물을 부술 만큼 강해졌다. 태풍의 세력이 강해질수록 철저한 대비가 필요하다.

전문가들은 태풍이 거세지는 원인을 온난화에서 찾는다. 지구의 온도가 올라가 바닷물의 온도가 높아지면 태풍의 연료가 되는 수증기가 더 많이 발생하기 때문이다. 기온이 1도 높아지면 공기 중의 수증기의 양은 7~10%(100 가운데 7~10)가 증가한다. 따라서 태풍이 더 강해지는 것이다.

온난화는 태풍의 이동 속도도 늦춘다. 지구의 기온이 오르면 더운 지역과 추운 지역의 온도 차가 줄어든다. 온도 차가 줄면 기압의 차이도 줄어 공기가 천천히 움직이게 된다. 태풍은 이렇게 되면 한 지역에 오랫동안 머무르면서 강한 비바람을 뿌린다.

온난화는 또 강해진 태풍을 더 멀리 이동할 수 있게 만든다. 열대 바다에서 시작된 태풍은 찬 바다를 지나면서 열을 빼앗겨 힘이 약해진다. 하지만 바닷물의 온도가 높아지면 열을 덜 뺏긴다. 따라서 이전보다 더 멀리 이동하면서 넓은 지역에 해를 끼친다.

생각이 쑤욱

**1** 태풍의 장단점을 세 가지씩 들어 보세요.

| | |
|---|---|
| 장점 | |
| 단점 | |

**머리에 쏘옥**

### 발생 지역에 따라 달라지는 태풍의 이름

세계의 열대 바다에서는 1년에 열대 저기압이 80개쯤 발생합니다. 열대 저기압은 발생하는 지역에 따라 이름이 다르지요.

태풍(타이푼)은 북태평양 서쪽에서 생깁니다. 우리나라와 중국, 일본에 영향을 주지요.

허리케인은 북대서양과 멕시코 앞바다에서 일어나 미국과 멕시코에 영향을 줍니다. 육지와 가까운 바다에서 생기므로 태풍보다 피해가 더 크답니다.

사이클론은 인도양이나 남태평양 호주 부근에서 발생합니다. 아프리카의 남쪽에 있는 나라와 인도, 호주 등에 해를 입힙니다.

**2** 태풍은 어떻게 만들어지나요?

▲태풍은 북태평양의 열대 바다에서 생기는 열대 저기압이다.

**3** 태풍의 오른쪽 지역의 피해가 큰 까닭을 설명하세요.

### 생각이 쑥쑥

**4** 태풍이 불지 않는다면 지구에는 어떤 문제가 생길까요?

> 💡 **머리에 쏙쏙**
>
> **태풍이 불지 않으면 어떻게 될까**
>
> 지구는 공 모양이어서 위도에 따라 받는 태양 에너지의 양이 다릅니다. 위도가 낮은 지역은 태양 에너지를 많이 받아 기온이 높고, 위도가 높은 지역일수록 적게 받아 기온이 낮아집니다.
> 따라서 태풍은 위도가 낮은 지역의 열을 위도가 높은 지역으로 옮겨서 에너지가 골고루 퍼지게 돕습니다. 태풍이 불지 않으면 지구에서 생물이 살기 어렵습니다. 위도가 낮은 지역에서는 에너지가 계속 쌓여 온도가 끝없이 상승하고, 위도가 높은 지역은 점점 더 기온이 내려가 얼어붙기 때문이지요.

**5** 태풍이 점점 거세지는 까닭을 말해 보세요.

▲기온이 높아지면서 열대 바다에서 생기는 수증기의 양이 늘었다.

**6** 태풍의 이동 속도와 지구 온난화의 관계를 비교해 보세요.

**7** 태풍 예보가 내리면 가정에서는 어떻게 대비해야 할지 말해 보세요.

지난 2020년 5월 인도에 사이클론 '암판'이 닥쳤다. 시속 160㎞가 넘는 바람과 함께 폭우가 내리쳤다. 이 때문에 85명이 넘게 숨지고, 수만 채의 집이 부서졌다. 사망자의 대다수는 쓰러진 나무에 깔리거나 물속에 잠긴 전선에 감전된 것으로 밝혀졌다. 또 주민 약 50만 명이 집을 잃고 대피소로 피했다.

▲인도에 불어닥친 사이클론을 이기지 못하고 무너진 집의 모습.

### 머리에 쏘옥

**태풍에 대비하는 요령**

태풍의 피해에 대비하려면 뉴스를 보면서 태풍이 도달하는 시간과 이동하는 방향을 확인합니다.

산사태가 일어나거나 물에 잠길 수 있는 위험이 있는 지역에서는 미리 대피할 장소와 위험한 상황에서 도움을 청할 곳을 알아둡니다.

강풍에 유리창이 흔들리거나 깨지지 않도록 틈새를 단단히 막습니다. 집과 건물이 물에 잠기지 않게 하수구나 집 주변의 배수구를 점검합니다. 지붕과 간판 등 바람에 날릴 수 있는 물건은 단단히 고정합니다. 가스는 미리 차단하고, 전기 시설은 만지지 말아야 합니다.

태풍이 부는 시간이 길어질 수도 있으니 물과 비상 식량도 준비합니다. 태풍이 닥치면 안전한 곳에 머물러야 합니다.

자연과학

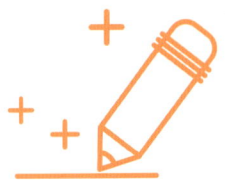

# 사막화 왜 빨라지나

▲지구 온난화와 무분별한 숲 개발로 사막화가 빨라지고 있다.

  육지의 3분의 1이 사막으로 바뀌었습니다. 지구 온난화의 영향으로 가뭄이 지속되는 데다 가축을 너무 많이 놓아기른 탓에 숲과 초지가 사라졌기 때문이지요. 초지가 사막화하면 그곳에서 사는 사람들은 삶의 터전을 잃습니다. 그리고 메마른 땅에서 모래 폭풍이 일어나 사람들의 건강을 위협합니다. 사막화의 원인을 공부하고, 사막화를 막는 방법을 탐구합니다.

# 사막화란 무엇인가

▲사막화가 진행되는 곳에서는 바람에 의해 땅이 깎여 나가 식물이 자랄 수 없다.

사막은 강수량이 적고 모래나 바위, 돌로 덮여 있어 동식물이 살기 어려운 땅이다. 이에 비해 사막화란 사막 주변의 건조 지역에서 숲과 초지가 사라지고 강이나 호수가 마르면서, 사막과 같은 환경으로 바뀌는 현상을 말한다.

사막화는 땅이 건조해지는 일이 반복되면서 진행된다. 숲과 나무가 사라져서 맨땅이 드러나면, 태양열의 반사율이 증가해 땅 표면의 기온이 내려가고, 수분 증발이 감소한다. 따라서 구름이 만들어지지 않아 비가 내리지 않는 것이다. 이처럼 메마른 땅은 비가 내려도 수분을 품지 못해서 금방 마른다. 또 비나 바람에 흙이 깎여 나가 식물이 자랄 수 없다.

세계적으로 육지의 3분의 1에서 사막화가 진행되고 있다. 그리고 해마다 서울 100배 넓이의 땅이 사막으로 바뀐다. 특히 아프리카 사하라사막 주변의 나라와 아시아의 중국, 몽골에서 사막화가 빠르게 일어난다. 사하라사막은 지난 100년간 남쪽으로 250㎞나 넓어졌고, 중국에서는 2만 5000개의 마을이 사라졌다. 몽골에서는 강과 호수가 2000개 넘게 마르면서, 국토의 80%(100 가운데 80)가 사막으로 변했다.

**이런 뜻 이에요**

사하라사막 아프리카 북부에 있는 사막. 아프리카 대륙의 3분의 1을 차지한다.

# 사막화의 원인과 피해

사막화는 오랜 가뭄 등 자연적 원인뿐 아니라 환경 파괴 등 인간의 활동에 의해 더욱 빨라지고 있다.

인구가 증가하면서 농사를 짓고, 가축을 기르기 위해 숲을 파괴했기 때문이다. 게다가 사막화 지역의 주민은 대개 나무를 베어 땔감으로 쓴다. 숲이 사라지면 공기 중의 이산화탄소가 늘어 온난화가 빨라지는 바람에 땅이 더욱 건조해진다.

▲사막화 지역에 사는 사람들은 극심한 식량난과 물 부족에 시달린다.

유목민이 양이나 염소 등 너무 많은 가축을 방목한 탓도 크다. 특히 염소는 식물의 뿌리까지 모조리 먹어 치워서 풀이 자라지 못하게 만든다. 이들은 초지를 찾아 주변 지역으로 이동하기 때문에 사막화 지역이 넓어진다.

사막화가 빨라질수록 피해가 더 커진다. 사막화 지역에서 발생한 모래 먼지는 바람을 타고 주변 나라에까지 해를 입힌다. 중국과 몽골의 모래 먼지는 우리나라까지 날아온다. 사막화 때문에 난민도 발생한다. 극심한 식량난과 물 부족에 시달리는 주민들은 고향을 버리고 대도시나 이웃 나라에서 떠돌이 생활을 한다. 사하라사막 남쪽 주민 가운데 600만 명이 사막화를 피해 북아프리카나 유럽으로 옮길 예정이다. 그곳에서 서식하는 동식물도 멸종 위기에 놓여 있다.

**이런 뜻이에요**

**유목민** 가축을 방목하기 위해 목초지를 찾아다니면서 이동 생활을 하는 민족.

# 사막화 방지를 위한 노력

▲우리나라 자원봉사자들이 중국의 쿠부치사막에서 나무를 심고 있다. 2006년부터 2019년까지 약 1000만 그루를 심었다.

사막화는 기후 변화를 일으켜 인류 전체에 해를 끼친다. 따라서 세계 여러 나라는 사막화를 막고 사막화 지역 주민의 빈곤을 몰아내기 위해 힘을 모으고 있다.

사막화 지역 국가와 주변 국가들은 사막화 지역에 나무를 심고, 숲을 가꾸는 데 힘을 쏟고 있다. 나무가 뿌리를 내리면 건조해진 땅의 흙과 수분을 붙잡아 주고, 다 자라면 방풍림 역할을 해서 황사를 막기 때문이다. 지역 주민에게 일자리를 제공하고, 지역에 맞는 과수를 심어 소득을 올리게도 한다.

사막화를 이겨 낸 국가들은 축적된 기술과 경험을 바탕으로 사막화 방지에 도움을 준다. 나라의 대부분이 사막으로 이뤄진 이스라엘은 사막에 물을 끌어들여 농사를 짓는 방법과 물을 관리하는 경험을 살려 인도의 사막화 지역 주민을 돕고 있다.

사막화 방지에는 과학 기술도 이용된다. 캐나다의 과학자들이 개발한 안개를 모아 물을 만드는 기술은, 세계 곳곳의 사막화 지역에서 이용된다. 우리나라에서도 사막화 지역의 식량난 해결 등에 도움을 주고 있다. 예를 들어 사막에서 잘 견디는 선인장이나 고구마처럼 뿌리를 뻗는 식물의 유전자를 이용해 개발한 농작물을 지원하고 있다.

▲물이 귀한 지역에서 안개를 모아 생활에 필요한 물을 만드는 집수 장치. (사진 : 흙부대생활기술네트워크)

### 생각이 쏙쏙

**1** 사막과 사막화 지역의 차이점은 무엇인가요?

▲사막은 강수량이 적고 모래나 바위, 돌로 덮여 있어 동식물이 살기 어렵다.

> **머리에 쏙쏙**
>
> **사막과 사막화 지역의 차이**
>
> 사막은 1년 동안 내리는 비의 양이 250㎜ 이하인 지역을 말합니다. 땅을 덮고 있는 물질에 따라 모래 사막, 자갈 사막, 암석 사막 등으로 나뉘지요. 식물이 살기 어려우며, 전혀 살 수 없는 곳도 있습니다.
>
> 이에 비해 사막화 지역은 사막 주변의 건조 지역입니다. 원래 사람들이 농사를 짓고, 가축을 기르면서 살던 곳이지요. 하지만 환경 파괴와 기후 변화의 영향을 받아 점점 사막으로 변하면서 물 부족에 시달립니다.

**2** 사막화가 이뤄지는 과정을 설명하세요.

**3** 사막화와 이산화탄소의 관계를 말해 보세요.

### 생각이 쏘옥

**4** 중국과 몽골의 사막화는 우리나라에 어떤 피해를 주나요?

▲우리나라에서 주로 봄에 발생하는 황사는, 중국이나 몽골의 사막에서 발생한 모래 먼지다.

**5** 28쪽의 밑줄 친 부분에서, 사막화를 방지하기 위해 과학 기술을 이용하는 사례를 한 가지만 더 들어 보세요.

▲아랍에미리트연방(UAE)의 두바이에 있는 해수 담수화 시설. 바닷물을 끓여서 증발시킨 뒤 생활에 쓰이는 담수를 만든다.

#### 머리에 쏘옥

### 사막화로 인한 황사 피해

황사는 주로 몽골이나 중국 북부의 고비사막에서 발생합니다. 강한 소용돌이 바람을 타고 하늘로 올라간 모래 먼지가, 대기 중에 넓게 퍼져서 떠다니다가 우리나라 부근에서 땅으로 천천히 내려오지요.

과거에는 주로 봄철인 3~5월에 자주 일어났지요. 그런데 사막화 지역이 빠르게 늘어나면서 계절에 상관없이 발생하며, 횟수도 증가하고 있습니다.

황사는 여러 가지로 피해를 줍니다. 사람의 건강을 위협합니다. 황사에 포함된 오염 물질이 눈과 호흡기에 들어가 병을 일으키지요. 농작물에 쌓이면 성장을 막아 농사를 망치게 합니다. 하늘이 뿌옇게 변해 항공기 운항에도 영향을 주고, 정밀 기계에 들어가서 고장을 일으키기도 하지요.

따라서 우리나라에서는 황사 피해를 줄이기 위해 중국과 몽골의 사막화 지역에 나무 심는 일을 돕고 있습니다.

**6** '사막화를 막으려면 육식을 줄여야 한다.'는 뜻을 풀어 보세요.

▲지나치게 많은 가축을 방목하면 초지도 사라지고, 온실가스인 메테인도 많이 나온다.

**7** 사막화를 방지하려면 국제 사회의 협력이 필요한 까닭을 설명하고, 본문에 없는 국제 협력 사례를 한 가지만 제시하세요.

### 머리에 쏘옥

**몽골의 가축 방목과 사막화**

몽골에서는 대다수 주민이 가축을 방목해 생계를 잇습니다. 가축을 우리에 가둬서 기르면 사료가 필요한데, 돈이 없거든요.

유목민은 돈을 더 벌기 위해 염소 등 가축의 수를 계속 늘리고 있습니다. 늘어난 염소들은 먹성이 강해서 풀뿌리까지 먹어 치우는 바람에 염소가 지나간 지역은 곧 사막으로 변한답니다.

**사막화 방지에 국제 사회의 협력이 필요한 까닭**

사막화 방지에 국제 사회가 협력해야 하는 까닭은, 사막화가 세계 전체에 영향을 미치기 때문입니다.

사막화는 지구 온난화의 영향을 받아 속도가 빨라집니다. 그리고 지구 온난화를 부추겨 악순환을 일으킵니다.

기온이 오르면 태풍이 강해지고 가뭄이나 홍수, 폭설 등 이상 기상 현상이 자주 발생합니다. 기후 변화에 적응하지 못하는 동식물은 멸종 위기에 놓이고, 모기 등 해충이 늘어나 전염병 피해도 크지요. 국가 사이에 물을 서로 차지하기 위해 갈등을 빚기도 합니다. 따라서 세계 여러 나라가 사막화 방지를 위해 힘을 모아야 합니다.

자연과학

4

# 도시 폭염이 생기는 까닭

▲도시의 폭염은 주로 화석 연료의 사용 증가와 열섬 현상 때문에 일어난다.

도시의 폭염 일수가 갈수록 늘어나고 있습니다. 옛날보다 기온이 오른 데다 도시 개발로 녹지가 줄었기 때문이지요. 폭염은 생활에 지장을 주고, 건강을 해치게 합니다. 그런데 폭염이 우리나라뿐 아니라 세계적으로 시작 시기가 빨라지고 정도도 심해지고 있습니다. 시베리아나 알래스카 등 위도가 높아 추운 지역도 여름이 되면 더위에 시달립니다. 폭염이 생기는 원인과 문제점을 공부합니다.

# 폭염이란 무엇인가

▲오른쪽 사진은 열화상 카메라로 찍은 서울 광화문 광장(왼쪽 사진)의 모습이다. 열화상 카메라는 열을 이용해 촬영하는 특수 장비인데, 색이 붉어질수록 표면의 온도가 높다.

폭염이란 하루의 최고 기온이 섭씨 33도가 넘는 더운 날씨를 말한다. 더위가 심해 생활에 지장을 줄 정도다. 정부는 폭염의 피해를 줄이기 위해 하루 최고 체감 온도가 33도를 넘는 날이 이틀간 계속되면 폭염 주의보를 내린다.

폭염은 세계적으로 증가하고 있다. 국내 연평균 폭염 일수는 1980년대에 9.4일에서 지난 10년(2010~2019) 동안에는 15.5일로 늘었다. 특히 2020년에는 극지방인 시베리아와 알래스카, 노르웨이 등 위도가 높은 지역도 불볕더위에 시달렸다. 전문가들은 이들 추운 지역에 닥친 폭염을 지구 온난화 때문으로 보고 있다.

도시는 열섬 현상으로 폭염이 더 심하다. 열섬 현상은 도시의 주변 지역보다 중심부로 갈수록 기온이 높아지는 현상이다. 도심에서 발생한 열이 분산되지 못하고 상공에 머무르기 때문이다. 지난 130년간 지구의 평균 기온은 0.85도 올랐지만, 우리나라의 서울과 부산 등 대도시는 1.85도나 상승했다. 열섬 현상이 지속되면 열대야가 나타난다. 지난 30년(1981~2010)간 전국의 평균 열대야 일수는 5.3일인데, 서울과 부산 등 대도시는 11일이나 되었다.

### 이런 뜻이에요

**체감 온도** 사람이 몸으로 느끼는 더위나 추위를 수로 나타낸 것. 온도나 습도, 바람의 세기 등을 바탕으로 계산한다.
**열대야** 밤에도 바깥의 최저 기온이 섭씨 25도를 넘는 상태.

## 온난화와 냉방 기기 사용 등이 원인

도시가 뜨거워지는 원인은 여러 가지다. 먼저 지구 온난화를 들 수 있다. 온난화는 지구 전체의 기온을 높이는데, 석유와 석탄 등 화석 연료의 사용이 늘면서 온실가스인 이산화탄소의 배출이 증가해 온실 효과를 일으키기 때문이다. 화력 발전소나 제철소 등에서 쓰는 화석 연료와 자동차에서 배출되는 배기가스 등을 들 수 있다. 전문가들은 인류가 지금과 같은 양의 온실가스를 배출하면 2060년대쯤에는 세계적으로 여름에 35도를 넘는 폭염에 시달릴 것이라고 경고한다.

▲뜨겁게 달궈진 아스팔트와 콘크리트 건물, 자동차 등에서 발생하는 열 때문에 도심의 기온은 더 높아진다.

아파트와 사무실에서 사용하는 에어컨 등 냉방 기기를 사용할 때 나오는 열과 자동차에서 내뿜는 열도 도시의 온도를 높인다. 숲이나 공원 등의 녹지가 부족해도 폭염을 부추긴다. 식물이 없으면 이산화탄소와 미세 먼지를 흡수하지 못하고, 그늘도 만들지 못한다.

도심에 가득한 빌딩과 아파트 등 콘크리트 건물 외에도 도로 포장에 쓰인 아스팔트는 여름에 내리쬐는 강한 태양열에 달궈진다. 그런데 도심의 고층 빌딩은 바깥쪽에서 불어오는 바람의 통로를 막아 열이 흩어지거나 식지 못하게 방해한다. 따라서 밤이 되어도 온도가 떨어지지 않는 열대야가 지속된다.

**이런 뜻 이에요**
**온실 효과** 태양 에너지가 우주로 달아나기 전에 온실가스에 흡수되어 대기에 남아 지구 기온이 올라가는 현상.

## 도시 폭염 왜 문제가 되나

도시가 뜨거워지면 에어컨 등 냉방 기기의 사용이 늘어나기 때문에 에너지의 사용이 증가한다. 에너지 소비가 늘어날수록 온난화를 부추겨서, 폭염을 일으키는 원인이 된다.

폭우 등 이상 기상 현상도 일어난다. 도심의 지표면에서 발생한 미세 먼지는 열에 의해 데워진 공기를 타고 도심

▲폭염이 심하면 도로가 갈라지고 솟아올라 교통사고의 위험이 크다.

상공으로 올라간다. 그런 뒤 수증기를 모아 비구름을 만드는 응결핵 역할을 하면서 짧은 시간에 많은 비를 내리게 한다. 전염병도 늘어나는데, 기온과 습도가 오르면 모기나 진드기 등 해충이 폭발적으로 증가하기 때문이다. 아스팔트가 녹아 갈라지거나 솟아오르고, 철도의 레일이 휘어져 교통사고도 늘어난다.

사람들의 생명도 앗아가고 건강에도 해를 끼친다. 프랑스의 경우 2003년 8월 폭염 탓에 1만 5000명이 사망했다. 노인이나 어린이 등 더위에 약한 사람들이 폭염에 노출되면 어지럼증과 두통이 생기고 숨을 쉬기가 어려워진다. 돈이 없어 냉방 기기를 사용하지 못하는 사람들과 야외에서 일하는 노동자의 경우, 체온을 조절하기가 어려워 열사병에 걸릴 수 있다. 따라서 햇볕이 강한 오후 1~3시에는 바깥 활동을 자제한다.

**이런 뜻 이에요**

**열사병** 기온과 습도가 높은 곳에서 오랫동안 머무르는 바람에 몸의 열이 밖으로 나가지 못해서 생기는 병. 고열이 나며 호흡이 빨라지다가 정신을 잃는다.

생각이 쑤욱

**1** 시베리아 등 위도가 높아 추운 지역에서도 폭염이 일어나는 원인을 말해 보세요.

▲폭염 때문에 시베리아 지역에서 산불이 일어났다.

### 머리에 쏘옥

## 지구 온난화를 일으키는 온실 효과

온실 효과란 우주로 빠져나가야 할 태양 에너지가 대기 중에 갇혀 기온이 오르는 현상입니다.

지표면으로 내리쬐는 태양 에너지의 일부는 다시 우주로 달아납니다. 그런데 이 가운데 일부는 이산화탄소와 메테인 등 온실가스에 붙잡혀 다시 지표로 돌아옵니다. 이러한 일이 반복되면 기온이 상승하지요.

온실 효과가 나쁜 것만은 아닙니다. 지구에서 생명체가 생존하는 데 필요하지요. 대기에 온실가스가 없으면 지표에 도달한 태양 에너지가 모두 우주로 빠져나가 기온이 영하로 떨어집니다.

이에 비해 석유나 석탄 등 화석 연료를 많이 쓰면 이산화탄소 등 온실가스가 많이 나와 온실 효과도 커집니다. 따라서 기온이 비정상적으로 상승합니다.

**2** 에너지를 많이 사용할수록 왜 도시의 기온이 더 오르나요?

**3** 여름에 도시의 주변보다 중심부의 기온이 더 높은 까닭을 설명하세요.

▲도시의 중심부에는 고층 빌딩이 많다.

생각이 쑥쑥

**4** 날씨가 더운 날 바깥 활동을 오래 하면 안 되는 이유를 대 보세요.

▲온도가 높은 곳에서 오랫동안 일하면 열사병에 걸리기 쉽다.

 머리에 쏙쏙

### 폭염으로 인한 열사병

사람이 높은 온도에 노출되면, 뇌에서 체온 조절을 담당하는 기관이 땀을 내서 정상 체온이 유지되도록 합니다. 그런데 오랫동안 높은 온도에서 쉬지 않고 활동할 경우 체온을 조절하는 기능이 떨어집니다. 이렇게 되면 몸 속의 열이 바깥으로 빠져나가지 못해서, 어지럼증과 구토 증상 등이 나타납니다. 심하면 목숨을 잃을 수도 있습니다.

**5** 왜 농촌보다 도시에서 열대야가 자주 일어나는지 이야기해 보세요.

**6** 여름에 도심 지역에 집중 호우가 내리는 과정을 폭염과 관련지어 설명하세요.

☞ 집중 호우란 1년에 내리는 비의 10%가 하루에 내릴 때를 말합니다.

▲땅에서 발생한 미세 먼지가 하늘로 올라가 비구름을 만든다.

**7** 35쪽을 참고해 도시의 기온을 낮출 수 있는 아이디어를 제시하세요.

▲숲은 이산화탄소를 흡수하고 산소를 배출한다.

> ### 머리에 쏘옥
>
> ### 도시의 기온을 낮추는 방법
>
> 도시의 기온을 낮추려면 숲이나 공원 등 녹지를 더 많이 만들어야 합니다. 건물의 지붕이나 옥상에 나무 또는 잔디를 심어도 됩니다. 식물은 온실가스인 이산화탄소와 미세 먼지를 흡수하고, 그늘을 만들어 여름 한낮의 기온을 5~10도나 낮춘답니다.
>
> 건물의 지붕이나 바깥벽, 도로에 햇빛을 반사하는 페인트를 칠하는 방법도 있습니다. 건물을 지을 때 열을 덜 흡수하는 건축 재료를 사용해도 되지요.
>
> 태양광이나 수소 에너지 등 친환경 에너지를 사용하면, 온실 효과를 줄여서 온난화를 늦출 수 있습니다.

# 인류는 화성에서 살 수 있을까

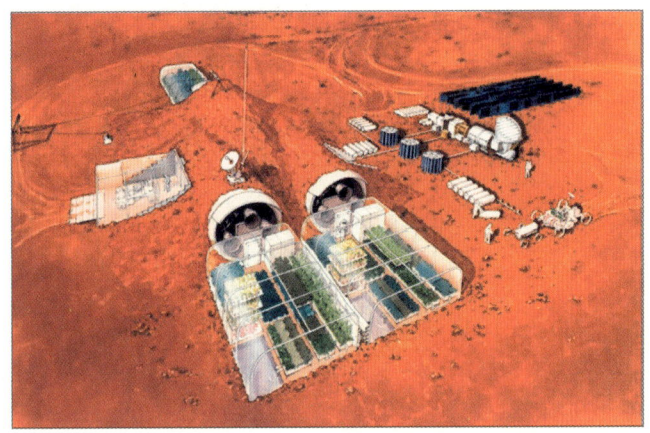

▲화성에서 사람이 생활할 수 있게 지은 건물과 농작물을 기를 수 있도록 만든 온실을 상상해 그린 그림. (사진 : NASA 홈페이지)

 자원 고갈과 기후 변화 등의 원인 때문에 인류가 지구에서 살면 멸종할지도 모른다는 과학자들의 경고가 나오고 있습니다. 그래서 지구와 환경이 비슷한 태양계 행성인 화성에 도시를 건설해 옮기려는 계획이 진행되고 있지요. 화성이 어떤 행성인지 알아보고, 인류가 화성에서 살려면 어떤 조건을 갖춰야 하는지 탐구합니다.

## 인류의 생존 조건과 화성 이주 계획

지난 2018년 3월 14일 숨진 영국의 이론물리학자 스티븐 호킹 박사는, 인류가 멸망하지 않으려면 앞으로 200년 안에 외계로 떠나라고 경고했다. 지구가 자원 고갈과 온난화로 인한 기후 변화, 핵무기의 위협 등 재난 때문에 멸망할 위험이 커지고 있다는 것이다.

▲화성의 해 뜨는 모습. 2004년 1월 화성에 착륙한 미국의 탐사 로봇 '오퍼튜니티'가 찍었다.

지구 밖 태양계의 다른 행성에서 인류가 생활하려면, 거주 공간 외에도 숨을 쉬는 데 필요한 산소, 생명 유지에 필요한 물과 식량 등이 있어야 한다. 열과 동력을 얻을 수 있는 에너지도 없으면 안 된다. 대기의 온도와 기압도 지구와 비슷해야 하며, 사계절이 뚜렷하면 더 좋다. 그리고 지구와 너무 멀면 가는 데 오래 걸려 불편하다.

과학자들은 이 문제를 해결하려고 지구와 비슷한 점이 많은 화성에 주목했다. 지구에서 화성까지 가장 짧은 거리는 5620만 km인데, 실제로 비행 거리는 수억 km가 넘어 6개월쯤 걸린다.

▲스페이스X의 로켓이 화성을 향하는 모습.

미국 항공우주국(NASA)은 2010년에 인류의 화성 이주 계획을 발표하고, 2030년까지 먼저 4명을 화성으로 옮겨 살게 할 계획이다. 지난 2018년 미국의 항공 우주 기업인 '스페이스X(엑스)'는 64톤(1톤은 1000 kg)의 화물을 화성으로 보낼 수 있는 로켓 발사에 성공했다. 2024년에는 화성에 도시를 건설할 사람들을 보낼 예정이다.

### 이런 뜻 이에요

**이론물리학** 이론을 주로 다루는 물리학. 물리학은 자연에 있는 모든 물체의 성질과 운동의 이치를 밝히는 학문을 말한다.
**고갈** 어떤 일의 바탕이 되는 돈이나 물자 등이 다해서 없어지다.
**행성** 스스로 빛을 내지 못하는 천체. 스스로 빛을 내는 별(항성) 주위를 돈다.

## 화성은 어떤 곳일까

▲2012년 8월에 화성에 착륙해 지금까지 생명체가 있는지 찾고 있는 미국의 화성 탐사 로봇 '큐리오시티'.

화성은 태양계 행성 가운데 지구와 환경이 가장 비슷하다. 1일이 지구와 거의 같은 24시간 37분이다. 자전축도 지구와 비슷하게 25도가 기울어진 데다, 태양을 돌기 때문에 사계절의 변화가 있다.

하지만 1년은 지구보다 훨씬 긴 687일이고, 위성은 2개다. 지름은 지구의 절반 정도(6788km)에 중력은 3분의 1(38%) 수준이다. 중력이 약해 대기가 우주로 달아나기 때문에 대기층이 지구의 100분의 1도 안 된다. 그리고 오존층도 거의 없어 생명체에 해로운 방사능과 자외선 등을 막지 못한다. 대기층에는 산소와 수분은 거의 없고, 이산화탄소가 95%를 차지해 사람이 숨을 쉴 수 없다.

화성의 평균 기온은 영하 60도로, 영상 15도인 지구보다 훨씬 춥다. 적도를 기준으로 낮에는 영상 26도에 이르고, 밤에는 영하 110도까지 내려간다. 남극과 북극으로 갈수록 춥고, 두 극 지역은 두께 2m의 얼음에 덮여 있다.

화성에는 액체 상태의 물은 거의 없지만, 땅속 1m 아래에 얼음층이 있어 녹이면 물을 얻을 수 있다. 2015년에는 땅속 50㎝ 아래서 소금물도 발견되었다. 흙속에 철분이 많아 붉게 보인다. 사막도 존재하는데, 모래 폭풍이 불면 모래 언덕의 모습이 바뀐다.

▲화성 땅속 1m 아래에는 얼음층(파란색 부분)이 존재한다.

**이런 뜻 이에요**
**중력** 지구나 화성 등의 천체가 물체를 끌어당기는 힘.
**오존층** 오존이 존재하는 지상 25~30km의 대기층. 사람 몸에 해로운 태양의 자외선을 흡수하는 성질이 있다.

## 화성 도시가 갖춰야 할 조건

사람이 화성에서 살려면 화성의 자연환경과 자원을 활용해 숨을 쉬는 일부터 의식주 문제까지 해결해야 한다. 또 몸에 해로운 방사능과 자외선을 막고, 추위와 낮은 중력 등을 견딜 수 있는 장치를 갖춰야 한다.

NASA는 이러한 문제를 해결하려고 화성의 얼음과 물, 땅을 이용해 돔 형태의 얼음집을 지을 계획이다. 돔 안에는 풍선처럼 공기나 가스를 넣어 부풀린다.

▲얼음벽을 통해 빛이 들어오게 만든 화성의 얼음집. (사진 : NASA 홈페이지)

건축 소재는 모두 반투명한 것으로 지어 식물이 외부에서 태양 빛을 받을 수 있도록 했다. 돔의 겉면은 두 겹인데, 지하의 얼음층에서 끌어올린 물을 두 벽 사이의 틈새로 흘려보내 얼음벽을 만든다. 얼음벽은 인체에 해로운 방사능은 차단하고, 햇볕은 통과시켜 건물 내부의 사람과 식물이 햇볕을 쬘 수 있다. 추운 날씨를 활용해 지은 것이다.

산소는 대기층의 이산화탄소에서 산소 발생기를 이용해 분리하고, 식물 재배를 통해서도 얻는다. 식수는 극지방과 땅속의 얼음을 녹이면 된다. 식량은 온실을 만들어 얻는다. 전기는 태양열과 풍력 발전으로 생산한다.

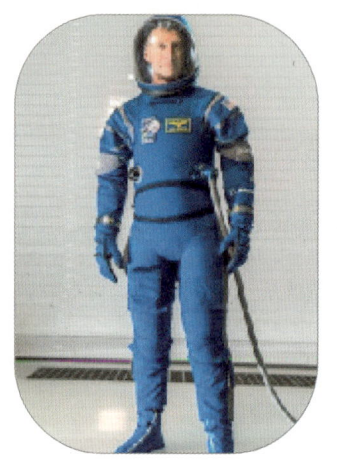
▲화성을 탐사하려고 NASA가 새로 개발한 우주복. 기존 우주복보다 무게는 40% 줄었고 장갑엔 터치 스크린 기능이 있다.

돔 밖으로 나갈 때는 특수한 우주복을 입어야 한다. NASA가 개발한 우주복에는 산소와 물이 갖춰져 있고, 방사능과 자외선 차단 장치, 대소변 처리 장치 등이 달려 있다.

**생각이 쑥**

**1** 인류가 지구에서 살면 멸종할 수 있는 원인을 말하고, 내가 생각하는 인류 멸종 원인을 두 가지만 더 제시하세요.

### 태양계의 행성

태양계에는 태양과 태양을 공전하는 8개의 행성이 있습니다. 태양에서 가까운 순서로 수성, 금성, 지구, 화성, 목성, 토성, 천왕성, 해왕성이지요.

태양계 행성의 표면 온도는 태양과 멀리 떨어져 있을수록 낮아집니다.

태양과 거의 붙어 있는 수성의 표면 평균 온도는 섭씨 179도이고, 금성은 섭씨 467도입니다. 금성이 수성보다 태양에서 더 먼데 평균 온도가 높은 까닭은, 이산화탄소로 이뤄진 두꺼운 대기층이 있어 온실 효과가 강하기 때문이지요. 이 두 행성은 온도가 너무 높아 사람이 살기 어렵답니다.

화성의 궤도 밖에 있는 나머지 행성은 평균 온도가 너무 낮아 사람이 살기 어렵습니다. 목성은 영하 116도, 토성은 영하 145도, 천왕성은 영하 200도, 명왕성은 영하 248도입니다.

**2** 인류가 지구를 떠나서 살아야 할 경우, 갖춰야 할 생존 조건을 모두 찾아보세요.

**3** 인류가 지구를 떠나 살 행성으로 화성에 관심을 갖는 까닭은 무엇인가요?

> 생각이 쑤욱

**4** 행복이는 지구에서 높이뛰기를 1m까지 할 수 있습니다. 화성에서는 얼마까지 높이 뛸 수 있을까요?

▲지구의 중력은 화성보다 약 2.6배 더 강하다.

> 머리에 쏘옥

### 화성의 중력과 높이뛰기

화성의 중력은 지구의 38%쯤 됩니다. 따라서 지구에서보다 2.6배쯤 더 높이 뛰고, 2.6배쯤 더 무거운 물건을 들어 올릴 수 있지요.

예를 들어 화성 표면에서 로켓을 발사하면 지구에서 쏠 때보다 3분의 1이 안 되는 추진력만 가지고도 우주로 날아갈 수 있습니다. 그만큼 연료가 적게 들고, 로켓의 무게도 줄일 수 있다는 말이지요.

**5** 43쪽 밑줄 친 내용에서 화성은 흙속에 철 성분이 많은데, 왜 붉게 보일지 추측해 보세요.

▲화성이 붉게 보이는 까닭은 흙속에 철 성분이 많기 때문이다.

### 화성은 왜 붉게 보일까

화성이 만들어지던 초기에 철이 많이 포함된 큰 천체(지름 3200km)가 남극 지역에 충돌했답니다. 이 바람에 남반구의 모든 지역에 엄청난 화산 활동이 일어나 산악 지대가 되었죠. 그 뒤 화산 활동이 30억 년 동안 지속되다가 이제는 멈춘 상태입니다.

대신 화산 활동이 없었던 북반구는 밋밋한 평원입니다. 충돌이 일어나면서 화성은 그만큼 규모가 커졌고, 철분도 많이 보태졌다고 합니다.

화성이 붉게 보이는 까닭은 이 철분이 산화했기(녹슬었기) 때문입니다.

**6** 44쪽 밑줄 친 내용에서 식물 재배를 통해서도 산소를 얻을 수 있다는 내용을 구체적으로 설명하세요.

☞ 이산화탄소($CO_2$)는 탄소(C)와 산소($O_2$)가 결합해 만들어집니다. 그래서 화성의 대기에 풍부한 이산화탄소에서 산소 발생기를 이용해 탄소를 분리하면 산소를 얻을 수 있습니다.

### 식물의 광합성

식물은 음식을 먹지 않고도 햇빛과 물, 이산화탄소만 있으면 살아가는 데 필요한 양분(포도당)과 산소를 스스로 만들 수 있습니다. 이러한 과정을 광합성이라고 합니다.

만들어진 산소의 일부는 그 식물이 호흡할 때 사용하고, 나머지는 기공(숨구멍)을 통해 밖으로 내보냅니다.

그래서 화성의 대기에 많이 포함된 이산화탄소를 이용해 식물을 기르면 산소를 얻을 수 있는 거지요.

▲식물은 광합성을 할 때 이산화탄소를 사용해 산소를 만들어 낸다.

**7** 화성에서 돔 형태의 건축물을 폭풍에도 견디게 지으려면, 철제 뼈대를 세워 고정해야 합니다. 그런데 화성 로켓에는 부피가 크거나 무거운 물건을 실을 수 없습니다. 내가 화성 건축가라면 어떻게 지을지 설명하세요. 단, 작은 3D프린터를 실을 수는 있습니다 (300자).

☞ 3D프린터란 컴퓨터에 입력한 도면을 바탕으로 물건을 찍어 낼 수 있는 프린터를 말합니다.

# 단풍이 드는 원리

▲가을이 되어 형형색색으로 단풍이 든 우리나라의 산.

　가을이면 초록색이던 나뭇잎이 노랑이나 빨강으로 물드는데, 이것을 단풍이라고 합니다. 우리나라처럼 사계절이 뚜렷한 지역에서는 단풍을 볼 수 있지만, 1년 내내 덥거나 추운 나라에서는 단풍이 들지 않습니다. 나뭇잎에 여러 가지 색깔의 단풍이 드는 까닭을 알아봅니다.

## 사계절 뚜렷한 곳에서만 단풍 들어

▲단풍이 들지 않은 채 겨울을 나는 소나무.

우리나라처럼 사계절이 뚜렷하면 나무들이 봄에 싹을 틔워 여름에는 초록색 잎이 무성하게 자란다. 그리고 가을이면 단풍이 들어 빨강이나 노랑 등으로 바뀐다.

봄이나 여름철에 나뭇잎이 싱싱하고 초록색인 까닭은 나뭇잎에서 녹색 색소인 엽록소가 왕성하게 만들어지기 때문이다. 엽록소는 햇빛을 흡수해 광합성 작용을 돕는다. 따라서 나무는 햇빛이 많이 쬐고 비도 풍부하게 내리는 여름에 광합성을 활발하게 해야 겨울에 필요한 영양분을 저장할 수 있다. 이에 비해 겨울에는 날씨가 춥고 비가 적게 내려 광합성을 하기 어려우므로 잎을 모두 떨궈야 한다.

1년 내내 덥거나 추운 지방의 나무는 단풍이 거의 들지 않는다. 열대 지방에서는 햇빛이 오래 비치고 비가 많이 내리므로 키가 크고 잎사귀가 넓적한 상록활엽수가 주를 이룬다. 광합성을 항상 할 수 있으므로 단풍이 들지 않기 때문이다. 그리고 추운 지방의 나뭇잎은 바늘 모양으로 뾰족한 침엽수가 많은데, 햇빛이 적고 온도가 낮은 곳에서는 잎이 작아야 살아남기에 유리하다. 침엽수도 단풍이 들지 않고 항상 초록색을 유지하는데, 우리나라에는 소나무와 잣나무 등이 있다.

## 겨울잠을 준비하는 과정

　나무는 광합성을 통해 영양분을 스스로 만든다. 광합성을 하려면 적당한 온도와 물, 햇빛이 필요하다. 그런데 겨울에는 날씨가 춥고 비가 적게 내릴 뿐만 아니라, 해가 비추는 시간도 짧다. 따라서 온도가 적당하고 물과 햇빛이 풍부한 여름에 영양분을 충분히 저장했다가 겨울에 사용하는 것이다.

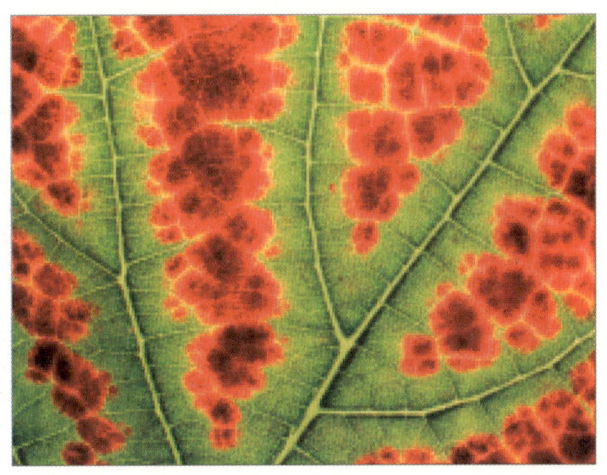
▲단풍이 드는 나뭇잎을 확대한 사진. 엽록소가 파괴되면서 나뭇잎이 점점 붉게 물들고 있다.

　단풍은 나무가 겨울을 준비하는 과정에서 생긴다. 나무가 겨울에도 살아남으려면 잎을 모두 떨어뜨려야 한다. 잎이 남은 채 겨울을 날 경우 수분과 영양분이 잎으로 빠져 나가는 동안 얼어 죽기 때문이다.

　그래서 나무는 날씨가 추워지기 시작하면 영양분을 잎으로 보내지 않고 뿌리와 줄기에 저장한다. 동물이 겨울잠을 자기 전에 먹이를 잔뜩 먹어 몸속에 양분을 저장하는 일과 비슷하다. 뿌리와 줄기만 살아 있으면 나무는 봄에 다시 잎을 틔울 수 있다.

　나무는 잎과 영양분을 주고받던 통로를 차단하고, 잎과 나뭇가지 사이에 딱딱한 층을 만들어 잎을 떨굴 준비를 한다. 이때 잎이 영양분을 공급받지 못하면 엽록소부터 파괴된다. 엽록소가 파괴되면 그동안 잎 안에 있었지만, 초록색에 가려 보이지 않던 노랑과 빨강 등 색소가 겉으로 드러난다. 이러한 현상을 노랑이나 빨강으로 단풍이 든다고 말한다.

## 단풍이 곱게 들기 위한 조건

▲단풍은 온도가 낮은 산꼭대기에서 시작해 밑으로 내려오면서 든다.   ▲은행나무 잎에는 원래 붉은 색소가 없어 단풍이 노랗게 물든다.

가을이면 먼저 추워지는 산꼭대기부터 단풍이 들기 시작한다. 우리나라에선 보통 9월 중순 이후 나뭇잎의 색이 하나둘씩 변해 10월 중순에서 11월 사이에 단풍이 절정에 이른다. 단풍은 색깔이 다양한데, 나무마다 가진 색소가 다르기 때문이다.

우리나라에서 단풍이 드는 대표적인 나무를 보면 단풍나무와 은행나무, 참나무, 감나무 등이다. 잎이 아기 손바닥 모양인 단풍나무는 붉은 색소가 풍부해 빨강으로 물든다. 은행나무 잎에는 붉은 색소가 없어서 단풍이 노랗다. 참나무나 느티나무에는 갈색 색소가 많이 들어 있으므로 갈색으로 바뀐다.

단풍 색깔에 가장 큰 영향을 주는 것은 온도 변화다. 같은 나무에서 자랐어도 낮에 햇빛을 많이 받은 잎에는 단풍이 더 진하게 든다. 그리고 낮과 밤의 기온 차가 클수록 나뭇잎의 색소 변화가 커져서 단풍이 더 뚜렷하고 예쁘게 든다.

너무 따뜻하거나 추운 날씨가 오래 계속되면 단풍의 색깔 변화가 작아진다. 날씨가 습하거나 건조해도 단풍의 색이 옅어진다. 단풍이 곱게 들려면 기온이 갑자기 변하지 말아야 한다. 우리나라의 날씨는 기온이 서서히 내려가기 때문에 고운 단풍이 들기에 좋은 환경이다.

> 생각이 쑤욱

**1** 열대 지방에는 왜 단풍이 들지 않는 나무가 많을까요?

▲열대 지방인 아마존의 울창한 숲. 사계절 단풍이 들지 않는다.

**2** 더운 지방과 추운 지방에서 자라는 나뭇잎의 생김새를 비교하고, 다르게 생긴 까닭도 설명하세요.

|  | 더운 지방 | 추운 지방 |
|---|---|---|
| 나뭇잎 모양 |  |  |
| 모양이 다른 까닭 |  |  |

**3** 여름에 나뭇잎이 초록색을 띠지 않는다면 어떤 문제가 생길까요?

### 머리에 쏘옥

**나무는 햇빛을 먹고 자란다**

사람이 음식을 먹고 양분을 섭취하는 것처럼 나무도 햇빛을 받아서 영양분을 만듭니다. 식물이 햇빛을 이용해 영양분을 얻는 것을 광합성이라고 합니다.

식물이 광합성을 할 때는 햇빛과 이산화탄소, 물 세 가지가 필요합니다. 식물은 이 세 가지를 흡수해 포도당이라는 영양분을 만듭니다.

나뭇잎이 초록색인 까닭은 광합성 때문입니다. 나뭇잎에는 엽록소라는 녹색 색소가 풍부합니다. 엽록소는 햇빛을 흡수하는 역할을 하는데, 엽록소가 없으면 식물은 광합성을 하지 못해 누런색으로 말라 죽는답니다.

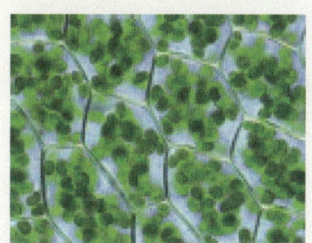

▲식물의 잎에 들어 있는 엽록소를 현미경으로 들여다본 모습.

생각이 쏙욱

**4** 나무가 겨울에 살아남으려면 나뭇잎을 모두 떨어뜨려야 하는 까닭은 무엇인가요?

▲겨울이 되면 나무는 잎을 모두 떨구고 나뭇가지만 남는다.

### 머리에 쏙옥

## 겨울잠을 자는 동물들

▲다람쥐는 먹이를 잔뜩 모아 놓은 땅굴 속에서 겨울잠을 잔다.

　나무는 겨울을 나기 위해 여름에 광합성을 부지런히 해 양분을 만듭니다. 그리고 가을에는 나뭇잎을 모두 떨군 뒤, 양분을 뿌리와 줄기에 저장하지요.
　겨울잠을 자는 다람쥐와 곰 등도 미리 영양분을 저장해 놓습니다. 다람쥐는 땅에 굴을 파고 먹이를 풍부하게 모아 놓습니다. 그래서 다람쥐는 겨울잠을 자다가 깨더라도 밖으로 나가지 않고 배를 채울 수 있지요.
　곰은 겨울잠을 자기 전에 먹이를 미리 잔뜩 먹어서 살을 찌웁니다.

**5** 나무와 겨울잠을 자는 다람쥐는 겨울을 나기 위해 각각 어떤 준비를 하는지 설명하고, 공통점도 비교하세요.

|  | 나무 | 다람쥐 |
|---|---|---|
| 준비 활동 |  |  |
| 공통점 |  ||

**6** 나무의 종류마다 단풍 색깔이 서로 다르게 물드는 까닭을 말해 보세요.

**7** 단풍 색깔이 여러 가지이듯, 사람의 피부색도 서로 다릅니다. 피부색이 다르다는 이유로 친구를 놀리는 아이들에게 단풍을 예로 들어 이러한 행동이 옳지 않음을 깨닫게 해 주세요(300자).

 머리에 쏘옥

### 사람의 피부색도 단풍처럼 다양

단풍은 빨강과 노랑 등 여러 가지로 물들어 어울리기 때문에 더욱 아름답습니다. 사람의 피부색도 검정과 갈색, 흰색까지 다양하답니다.

단풍의 색이 잎에 포함된 색소에 따라 달라지듯, 사람의 피부색도 멜라닌이라는 색소 때문에 달라집니다. 멜라닌이 많을수록 피부가 검게 보입니다.

그런데 멜라닌은 햇빛에서 피부를 보호하는 역할을 합니다. 그래서 아프리카처럼 햇빛이 따가운 지방에는 피부가 검은 사람들이 많지요.

피부색이 다른 까닭은 타고난 색소의 차이일 뿐 사람의 능력과는 관계가 없습니다. 따라서 피부색이 다르다고 남을 놀리는 행동은 올바르지 못하답니다.

▲사람의 피부색이 다른 까닭은 피부에 들어 있는 멜라닌이라는 색소 때문이다.

# 천적을 이용한 농사법

▲진딧물의 천적인 무당벌레가 진딧물을 잡아먹고 있다.

   천적을 이용한 농사법이 발전하고 있습니다. 천적이란 잡아먹히는 동물의 입장에서 잡아먹는 동물을 말합니다. 천적을 농사에 이용하면 농약을 쓰지 않고도 해충을 없앨 수 있습니다. 농약을 쓰면 사람의 건강을 해치고 생태계도 파괴하지요. 천적은 자연에서 생물의 수를 조절해 생태계를 유지하는 역할도 합니다. 천적의 종류와 보호 방법을 알아보고, 천적의 이용 방법을 탐구합니다.

## 천적 이용하면 환경 파괴 막을 수 있어

천적이란 잡아먹히는 동물에 대해 잡아먹는 동물을 말한다. 천적은 자연에서 동물의 수를 조절해 생태계를 건강하게 유지하는 역할을 한다. 사람들은 옛날부터 해충을 없애는 데 천적을 이용하기도 했다. 기원전 300년 무렵 중국에서는 오렌지 나무에 해를 끼치는 나방을 없애기 위해 나방의 천적인 개미가 사는 개미집을 옮겨 놓았다는 기록이 있다.

▲깍지벌레에게 해를 입은 감귤 나무.

미국과 캐나다, 네덜란드, 영국 등 선진국의 경우 일찍부터 천적 산업이 발전했다. 1888년 미국 캘리포니아에서는 감귤 나무에 깍지벌레가 발생해 피해를 주었다. 이에 호주에서 깍지벌레의 천적인 무당벌레를 들여와 깍지벌레를 없앴다.

우리나라는 1934년에 사과에 해를 주는 사과면충을 없애려고 일본에서 처음 천적인 사과면충좀벌을 들여와 이용했다. 농촌진흥청은 1995년부터 농사에 천적을 활용하는 방법을 연구했다. 이 무렵에 천적을 키워 판매하는 산업도 등장했다.

천적은 농사를 지을 때 농약을 대신할 수 있다. 농약은 해충뿐 아니라 다른 동식물에도 해를 입힌다. 환경도 파괴하고 사람의 건강에도 악영향을 끼친다. 따라서 농약 대신 천적을 이용하면 농약의 피해를 줄일 수 있다.

**이런 뜻 이에요**

깍지벌레 몸길이 1mm의 주황색 곤충. 식물 잎에 붙어 즙을 빨아 먹는다.
농촌진흥청 농촌의 발전에 필요한 연구와 기술 보급 등의 일을 하는 국가 기관.

## 농약 사용 줄여야 천적 보호

▲무분별하게 농약을 사용하면 해충뿐 아니라 유익한 곤충들까지 없앤다.

천적의 종류에는 포식자와 포식기생자, 기생자, 병원체가 있다.

포식자는 다른 동물을 잡아먹는 천적을 말한다. 사슴은 늑대에게 잡아먹히므로 늑대는 사슴의 포식자이고, 진딧물을 먹고 사는 무당벌레는 진딧물의 포식자이다. 포식기생자는 다른 동물 몸의 표면에 붙어살거나 몸속에서 살면서 그 동물의 영양분을 빼앗아 먹어 죽게 만든다. 나비의 애벌레에 붙어살며 애벌레를 먹고 사는 기생파리가 예다. 기생자는 동물의 몸에 붙어살거나 몸속에서 사는데, 그 동물을 죽게 하지는 않는다. 사람의 몸에 기생하는 벼룩이나 회충을 들 수 있다. 병원체는 생물에게 질병을 일으키게 하는 미생물이다. 바이러스나 곰팡이 등이 있다.

천적을 보호하려면 먼저 천적이 죽지 않게 노력해야 한다. 따라서 유익한 곤충과 해충을 가리지 않고 죽이는 살충제나 농약 사용을 줄여야 한다. 천적이 활발하게 활동할 수 있는 환경을 만들어 주거나 영양분을 공급하는 방법도 도움이 된다. 천적이 번식하거나 숨을 수 있는 장소 제공도 필요하다. 농작물을 수확하고 난 뒤 농지의 해충을 없앤다고 불을 지르는 일도 하지 말아야 한다.

**이런 뜻 이에요**
바이러스 동식물과 세균 등의 살아 있는 세포에 기생하면서 세포 안에서만 활동하는 미생물.

## 잔물땡땡이는 장구벌레 잡아먹어 전염병 줄여

천적을 농사에 이용하면 농약 사용을 줄여 사람의 건강과 환경에 주는 피해를 막을 수 있다.

딸기는 껍질이 없으므로 농약을 쓰지 않는 편이 좋다. 그런데 점박이응애라는 해충이 딸기 잎 뒷면에 붙어 자라면서 양분을 흡수해 딸기의 품질을 떨어뜨린다. 이때 칠레이리응애를 딸기에 살포하면 점박이응애를 잡아먹어 농약을 칠 필요가 없다. 칠레이리응애 1마리는 하루에 점박이응애 10~15마리를 먹어치운다. 고추와 수박에 생기는 진딧물은 진디벌을 이용해 제거한다. 토마토에 문제를 일으키는 해충인 온실가루이는 천적인 온실가루이좀벌로 퇴치한다. 오이와 상추 등 채소와 포도나 멜론 등 과일을 키울 때도 천적을 이용할 수 있다.

▲잔물땡땡이는 하루에 900마리가 넘는 장구벌레를 잡아먹어 모기 퇴치에 효과적이다.

| 종류 | 특징 |
|---|---|
| 점박이 응애 | 진드기의 일종으로, 암컷은 몸길이가 0.4~0.5mm(수컷 0.3mm)이다. 딸기나 감귤 등에 생기면 잎이 말라 죽는다. |
| 칠레이리 응애 | 진드기의 일종으로, 몸길이가 1mm쯤 되는 작은 곤충이다. 과일 잎에 생기는 응애를 잡아먹는다. |
| 진디벌 | 몸길이 2mm 정도의 작은 곤충. 긴 더듬이와 두 쌍의 날개가 있고, 몸은 검은색이다. 진딧물의 천적이다. |
| 온실 가루이 | 토마토와 감자 등 식물에 해를 입히는 곤충. 길이는 1.4mm 정도이며, 수컷이 암컷보다 약간 작다. |
| 온실가루이 좀벌 | 온실가루이 등의 애벌레에 기생해 자라는 곤충. 길이는 0.6mm 정도다. |
| 잔물 땡땡이 | 몸길이 15~20mm의 검은색 곤충. 긴 타원형이며, 강이나 웅덩이에 산다. |

농사뿐 아니라 생활에도 천적을 이용한다. 지난 2015년 7월 한국환경산업기술원은 딱정벌레의 일종인 잔물땡땡이를 활용해 모기 퇴치법을 개발했다. 모기가 많은 지역에 장비를 설치해 모기 수를 측정한 뒤, 모기가 늘어나면 잔물땡땡이를 풀어 놓는다. 잔물땡땡이는 하루에 900마리가 넘는 장구벌레(모기의 애벌레)를 잡아먹는다. 이렇게 되면 장구벌레가 사라져 모기를 퇴치할 수 있다.

**이런 뜻 이에요**

**한국환경산업기술원** 환경 기술 개발과 환경 산업을 키우기 위해 나라에서 세운 곳.

생각이 쑤욱

**1** 생태계에 천적이 없다면 어떤 일이 벌어질까요?

▲늑대는 사슴의 천적이다.

> 머리에 쏘옥
>
> **천적이 없으면 어떤 일이 벌어질까**
>
> 미국 애리조나주에는 국가 소유 숲인 카이바브고원이 있습니다. 사람들은 1907년 고원에 사는 사슴을 보호하려고 퓨마와 늑대를 마구 잡았습니다.
>
> 그런데 사슴을 잡아먹는 천적이 없어지면서 나중에 사슴이 25배나 늘어났습니다. 사슴들은 고원의 풀을 마구 먹어 치웠습니다. 결국 먹이로 삼을 식물이 부족해지면서 사슴의 절반 이상이 굶어 죽었습니다.
>
> 천적을 없애면 생태계의 균형이 깨져 특정 동물이 크게 번성하거나 환경이 황폐화하는 등의 문제가 일어납니다.

**2** 천적의 종류를 설명하세요.

|  | 특징 | 예 |
|---|---|---|
| 포식자 | | |
| 포식기생자 | | |
| 기생자 | | |
| 병원체 | | |

**3** 농사를 지을 때 천적을 사용하면 좋은 점을 아는 대로 말해 보세요.

### 생각이 쏘옥

**4** 천적을 보호하는 방법을 세 가지만 제시하세요.

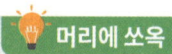
**머리에 쏘옥**

#### 해충을 없애려고 농약을 쓰면 어떻게 될까

벼멸구는 몸길이가 4.5~5 mm인 곤충입니다. 볏대 아랫부분의 즙을 빨아 먹기 때문에 벼가 쉽게 쓰러집니다. 그리고 피해를 당할 경우 잘 자라지 않으며, 심하면 벼가 말라 죽습니다. 수확량도 줄고 쌀의 품질도 떨어지지요.

하지만 벼멸구를 없애려고 농약을 많이 치면 천적인 거미까지 죽어 버립니다. 이렇게 되면 벼멸구가 크게 번져서 벼농사를 망치게 됩니다.

▲벼멸구

**5** 행복이의 아버지는 벼의 해충인 벼멸구를 없애려고 농약을 사용했는데, 2년이 지나자 벼멸구가 더 늘어났습니다. 왜 그럴까요?

▲벼멸구가 발생해 벼가 말라 죽고 있다.

**6** 진디벌을 이용해 파프리카에 생긴 진딧물을 없애려고 합니다. 60쪽의 밑줄 친 부분을 참고해 그 과정을 설명하세요.

▲진딧물이 파프리카 잎에 붙어 즙을 빨아 먹는다.

### 머리에 쏘옥

### 다양한 곳에 천적을 사용해요

파리는 소의 피부에 붙어 피를 빨아 먹고, 사료와 물을 오염시킵니다. 한우를 키우는 농가에서는 파리의 천적인 배노랑파리금좀벌을 풀어서 파리를 없앱니다. 배노랑파리금좀벌 1마리는 파리 번데기 약 100개를 없앱니다.

전라북도 진안군에서는 외국에서 들어온 배스의 천적인 쏘가리를 호수에 풀었습니다. 배스는 우리나라 토종 물고기를 잡아먹으며 생태계를 어지럽히죠. 그래서 천적인 쏘가리를 이용하는 것이랍니다.

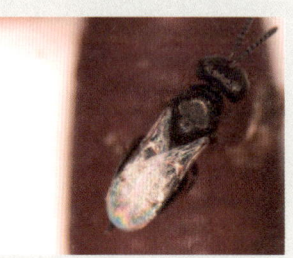
▲파리의 천적인 배노랑파리금좀벌.

**7** 농사 외에 천적을 이용할 수 있는 아이디어를 내고, 왜 그런지도 설명하세요.

▲쏘가리는 우리나라 민물 생태계를 어지럽히는 외국 물고기들의 천적이다.

# 배양육이 환경 오염 줄일 수 있을까

▲소의 근육에서 뽑아낸 세포를 배양실에서 키워 만든 배양육을 사용한 햄버거 패티.

　배양육은 가축을 기르지 않고, 공장이나 실험실 등의 배양 시설에서 동물의 세포만 길러 만든 고기입니다. 배양육을 대량 소비하면 가축을 기를 때 생기는 환경 오염을 줄일 수 있고, 항생제 등이 들어 있지 않은 안전한 고기를 먹을 수 있지요. 하지만 값이 비싸 아직 판매되지는 않고 있어요. 배양육을 만드는 과정을 공부한 뒤, 배양육이 어떻게 환경에 도움이 되는지 탐구합니다.

## 배양육을 왜 개발할까

▲배양육은 식량 부족과 지구 온난화 문제를 해결하려고 개발했다.

인구가 늘어나면 모자라는 식량을 보충해야 한다. 이에 따라 공장이나 실험실에서 살아 있는 동물의 세포를 길러 살코기만 얻는 방식의 배양육이 개발되었다.

세포를 배양해 만드는 고기는 지난 2013년 네덜란드의 과학자가 개발했는데, 당시 배양육으로 햄버거를 만들었다. 배양육의 대량 생산이 가능해지면 가축을 기를 때 나오는 온실가스와 배설물이 배출되지 않아 지구 온난화나 환경 오염 걱정을 덜 수 있다. 가축을 공장식으로 좁은 공간에서 많이 기르거나 도살을 하지 않아도 되기 때문에 동물 학대 논란도 사라진다. 전염병을 예방하기 위해 사용하는 항생제 등 화학 약품을 쓰지 않으므로 안전하고 깨끗한 고기를 얻을 수 있다. 그리고 가축의 사료를 재배하는 농지에 사람이 먹을 수 있는 식량을 재배할 수 있다.

하지만 배양육은 인공적으로 키운 고기여서 거부감이 드는 문제가 있다. 첨단 과학 기술을 적용해 만든 식품이 사람에게 안전한지 검증되지도 않았다. 배양액의 값이 고가여서 생산비가 많이 들어 값이 비싼 단점도 있다. 대개 임신한 소에서 배양액을 얻는데, 이를 대체할 물질이 나오면 값을 낮출 수 있다.

### 이런 뜻 이에요

**세포** 생물의 몸을 구성하는 기본 조직. 모든 생물은 세포로 이루어져 있다.
**온실가스** 이산화탄소와 메테인 등 지구 온난화를 일으키는 대기 중의 기체.
**지구 온난화** 대기 중의 이산화탄소나 메테인 등 온실가스가 증가하면서 지구의 평균 기온이 오르는 현상.
**배양액** 식물이나 세균 등을 기르는 데 필요한 영양소가 들어 있는 액체.

## 배양육 어떻게 만드나

배양육을 만드는 데는 세포 공학 기술이 이용된다. 생물의 세포를 이용해 새로운 세포를 만들거나 사람에게 이익이 되는 세포를 골라내는 기술이다.

배양육을 만들려면 먼저 소나 돼지 등 살아 있는 동물의 근육에서 세포를 떼어 낸다. 그런 뒤 배양액이

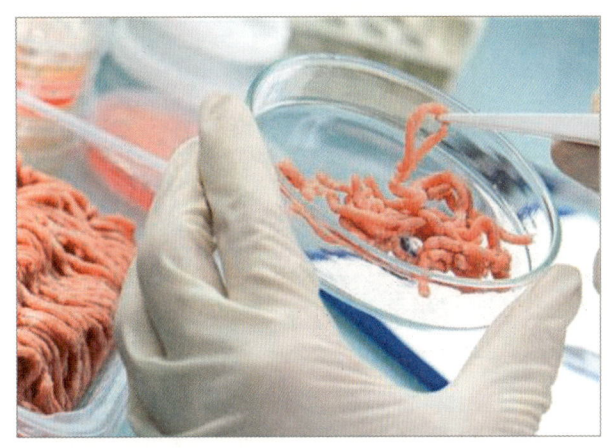
▲세포를 길러 만든 국수 가락 모양의 단백질 조직.

들어 있는 용기에 넣고 섭씨 37도가 유지되는 기계 안에서 2~3주쯤 키운다. 배양액에는 단백질 등 세포가 자라는 데 필요한 양분이 들어 있다. 양분을 먹고 자란 세포는 두께 1㎜, 길이 2.5㎝에 이르는 근육 세포로 성장한다. 그리고 근육 세포들이 뭉치면서 국수 가락 모양의 근육 조직을 이루는데, 이들을 모아 뭉치면 요리에 사용할 수 있는 살코기가 된다. 배양육은 살코기로만 이뤄지므로 가축의 고기보다 퍽퍽하고 맛도 떨어진다. 따라서 지방이나 고기와 비슷한 향을 내는 성분을 넣는다.

배양육은 미국이나 일본 등 선진국을 중심으로 연구가 활발하다. 이들 국가는 생산비를 줄이기 위해 노력하고 있으며, 가정에서 배양육을 만드는 기계를 보급하기 시작했다. 하지만 우리나라의 경우 아직 걸음마 단계다.

## 배양육이 환경에 도움될까

▲미국에서 2017년 닭의 세포를 배양해 만든 인공 치킨. 당시 453g에 1000만 원이었는데, 생산비를 낮춘 치킨이 곧 판매된다.

축산업에서 배출하는 온실가스의 양은 지구 전체 온실가스 배출량의 15%에 이른다. 따라서 배양육은 축산업이 일으키는 지구 온난화와 환경 오염 문제를 해결할 수 있는 방안으로 주목을 받았다. 그래서 인공 고기 개발자들은 배양육을 '청정 고기'라고 부른다.

전문가들은 이처럼 배양육을 대량 생산할 경우 가축을 길러 고기를 얻을 때보다 환경 오염을 줄일 수 있다고 한다. 가축을 기를 때 사용되는 땅 면적의 4~18%(100 가운데 4~18)만 필요하고, 물도 2%만 들이면 같은 양의 고기를 얻을 수 있다. 전기 등 에너지 소비는 7~45%까지 줄일 수 있다. 땅과 물을 오염시키는 가축의 배설물도 사라진다.

문제는 배양육이 지구 온난화를 줄이는 데 효과가 있느냐 하는 점이다. 전문가들은 가축의 고기를 배양육으로 대체할 경우 가축에서 나오는 메테인을 최대 96%까지 줄일 수 있다고 한다. 하지만 배양육을 생산할 때도 이산화탄소가 발생한다. 그리고 이산화탄소는 공기 중에서 1000년이 넘어야 사라지지만, 메테인은 12년쯤 걸리므로 온난화를 막는 효과는 크지 않다는 주장이다.

**생각이 쏘옥**

**1** 배양육이 무엇인지 한 문장으로 말해 보세요.

> **머리에 쏘옥**
>
> ### 항생제의 부작용
>
> 축산 농가에서는 가축의 감염병을 예방하려고 항생제를 넣은 사료를 먹여 키웁니다. 그런데 항생제 성분은 배설물로 배출되지만, 일부는 몸에 남아 있습니다. 따라서 사람이 고기를 먹을 때 항생제 성분도 함께 먹는 셈이지요.
> 가축에게 사용하는 항생제는 사람들에게 피해를 줍니다. 항생제는 쓸수록 세균이 항생제에 견디는 힘이 강해집니다. 따라서 사람들도 항생제에 내성이 생긴 세균에 감염될 수 있지요. 그리고 항생제가 동물의 배설물로 배출되어 비료로 사용되거나, 강 또는 지하수로 흘러들면 땅과 물이 오염됩니다.

**2** 배양육의 장점을 아는 대로 들어 보세요.

▲좁은 시설에서 가축을 많이 기를 때, 감염병을 예방하려고 항생제를 마구 사용한다.

**3** 배양육을 만드는 과정을 3단계로 설명하세요.

1단계

2단계

3단계

### 생각이 쑥쑥

**4** 배양육 개발자들이 배양육을 '청정 고기'라고 부르는 까닭은 무엇인가요?

**5** 68쪽에서 배양육이 지구 온난화를 늦출 수 있다는 주장을 꺾을 수 있는 근거는 무엇인가요?

▲지구 온난화를 늦추려면 온실가스 배출을 줄여야 한다.

---

### 머리에 쏙쏙

**메테인과 이산화탄소가 일으키는 지구 온난화 효과**

지구 온난화를 일으키는 대표적인 온실가스로는 이산화탄소와 메테인을 들 수 있습니다.

가축으로 기르는 소가 내뿜는 메테인은 같은 양의 이산화탄소보다 지구 온난화를 21배나 더 일으킵니다. 따라서 배양육 개발자들은 배양육을 생산할 경우 메테인을 줄여 온난화를 늦출 수 있다고 주장하지요.

하지만 소가 내뿜는 메테인과 배양육을 생산할 때 나오는 이산화탄소가 일으키는 지구 온난화 효과가 비슷하다는 주장도 있습니다. 이산화탄소는 메테인보다 온난화 효과가 적지만 1000년 이상 사라지지 않고 쌓이는 반면, 메테인은 12년이면 공기 중에서 사라지기 때문입니다.

**6** 생산자 입장에서 소비자들이 배양육을 대량으로 소비하게 만들려면 어떻게 해야 할까요?

▲2017년 미국에서 선보인 배양육 치킨. 1파운드(453g)에 9000달러로, 값이 일반 치킨의 2800배에 이른다.

**7** 우리나라가 배양육 생산 기술을 발전시켜야 하는 까닭을 말해 보세요.

▲우리나라의 국토는 70%가 산지이고, 인구 밀도가 아주 높다.

### 머리에 쏘옥

### 배양육을 많이 소비하게 만들려면 어떻게 해야 할까

배양육은 값이 비싼 데다 부정적인 인식이 커서 아직 판매되지 않습니다.

배양육의 값이 비싼 이유는 배양액이 생산비의 80%에 달하고, 비싸기 때문입니다. 배양액은 임신한 소에게서 얻는데, 그 양이 충분하지 않지요.

따라서 값이 싼 배양액을 개발해 생산비를 낮춰야 합니다. 소비자들에게 배양육이 건강에 도움이 되고, 환경 오염을 줄일 수 있음을 알리는 일도 중요합니다.

### 배양육 생산 기술을 발전시켜야 하는 까닭

우리나라는 국토가 좁은 데다 인구 밀도가 높아 축산 농가들은 좁은 공간에서 많은 가축을 기르고 있습니다. 따라서 아프리카돼지열병이나 조류인플루엔자(AI) 등 감염병이 돌면 가축이 떼죽음하고, 환경에도 큰 피해를 줍니다. 사람들에게 감염될 위험도 크지요.

세계 인구가 늘어나 식량이 부족해지면 우리나라에서 수입할 수 있는 곡류와 육류가 줄어듭니다. 따라서 식량 부족에 대비해야 하는 면도 있지요.

하지만 우리나라는 아직 배양육 생산 기술이 걸음마 단계입니다.

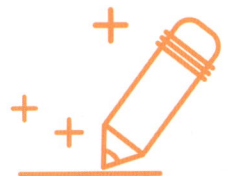

자연과학

# 꿀벌이 멸종하면 인류도 멸망할까

▲꿀벌이 꿀을 모으기 위해 활짝 핀 꽃 주변을 날고 있다.

　아인슈타인은 꿀벌이 멸종하면 4년 안에 인류도 멸망할 것이라고 말했습니다. 꿀벌이 떼죽음하는 현상은 미국 플로리다주에서 2006년에 처음 발견되었습니다. 지금은 세계 곳곳에서 진행되고 있지요. 꿀벌의 생태와 꿀벌이 감소하는 원인을 알아보고, 세계 각국에서 꿀벌을 지키기 위해 어떻게 노력하는지 탐구합니다.

## 꿀벌은 어떤 곤충인가

▲2016년에 경북의 한 양봉 농가에서 기르던 수만 마리 벌이 떼죽음했다. 양봉 농가는 주변의 과수원에서 사용한 농약에 중독되었기 때문이라고 주장했다.

지난 2006년 미국 플로리다주의 한 농가에 있던 수백 개의 벌통에서 수천만 마리의 꿀벌이 갑자기 사라졌다. 그 뒤로도 꿀벌이 사라지는 현상은 계속되어, 최근 10년간 미국 전역의 꿀벌이 40%나 줄었다.

꿀벌이 떼죽음하는 현상은 미국뿐 아니라 세계 곳곳에서 일어났다. 이에 따라 세계적으로 야생 벌 약 2만 종 가운데 40%가 멸종 위기에 놓여 있다. 영국은 지난 2010년 이후 5년간 45%의 꿀벌이 사라졌다. 우리나라에서도 최근 10년간 토종벌의 수가 95% 이상 감소했다.

문제는 꿀벌이 사라지면 사람들도 식량 위기에 빠진다는 데 있다. 지구상의 모든 과일과 곡물, 채소 등 농작물 가운데 3분의 1은 꿀벌이 꽃가루받이를 해야 씨를 맺고 자손을 퍼뜨릴 수 있다. 이 가운데 사과와 딸기, 양파, 당근, 호박 등은 90% 가까이가 꿀벌이 꽃가루받이를 담당한다. 꿀벌이 하는 일을 돈으로 따지면 우리나라에서만 6조 원에 이른다고 한다.

꽃가루받이는 꿀벌과 새, 박쥐 등 생물이 하거나 바람에 의해 이뤄진다. 하지만 꿀벌만큼 효과적으로 돕지는 못한다. 그래서 독일 출신의 이론물리학자인 아인슈타인(1879~1955)은 꿀벌이 멸종하면 4년 안에 인류도 멸망할 것이라고 말했다.

**이런 뜻 이에요**

**토종벌** 어떤 지역에서 예전부터 기르던 고유한 품종의 벌.

## 꿀벌이 왜 떼죽음할까

꿀벌이 사라지는 원인은 아직 확실하게 밝혀지지 않았다. 하지만 과학자들은 자연 환경을 파괴하는 인간의 활동으로 꿀벌의 생존 능력이 약해졌기 때문이라고 분석한다.

먼저 과학자들은 꿀벌이 사라지는 원인을 지구 온난화로 인한 기후 변화에서 찾는다. 꿀벌이 살던 지역의 기온이 오르면 좀 더 서늘한 곳으로 이동해야 하는데, 꿀벌이 그러한 능력을 갖추지 못해 떼죽음한다는 것이다.

▲호주의 한 연구진이 꿀벌의 감소 원인을 찾으려고 꿀벌의 등에 센서를 붙인 모습. 대기 오염이나 농약에 노출되는 정도를 측정해 정보를 모은다.

대기 오염도 원인이 된다. 자동차나 공장에서 나오는 배기 가스가 꽃향기를 약하게 만들어 벌이 꽃을 발견하기 어려워진다는 것이다.

휴대전화 등 여러 전자 제품에서 나오는 전자기파가 꿀벌의 방향 감지 능력을 떨어뜨려 집을 잃게 만든다는 추측도 있다.

아주 넓은 땅에 한 가지 작물만 재배하는 방식 탓도 있다. 이러한 지역에서 사는 벌들은 한 종류의 꿀밖에 먹을 수 없어 건강에 문제가 생긴다. 더구나 농장에서는 해충을 없애려고 농약을 뿌리므로 벌들이 농약에 중독되어 집이나 꽃 등의 위치를 파악하는 능력이 떨어진다.

꿀벌의 몸에 붙어 피를 빠는 진드기와 꿀벌의 몸 안에 사는 기생충도 문제다. 기생충에 감염된 꿀벌은 날지 못하고, 여왕벌은 알을 낳을 수 없어 꿀벌이 멸종하게 된다.

# 꿀벌 멸종을 막기 위한 노력

우리나라는 20여 년 전부터 대다수 배 농가에서 사람이 직접 꽃가루받이를 하고 있다. 배꽃이 핀 동안 꽃가루받이를 못하면 배가 열리지 않기 때문이다. 하지만 사람이 벌을 대신하는 데는 한계가 있다. 그래서 나라마다 꿀벌의 수를 늘리기 위해 노력하고 있다.

▲영국 맨체스터대학 연구팀이 부족한 꿀벌을 대체하려고 2015년부터 연구하는 로봇벌의 모형.

유럽연합(EU)은 2013년부터 꿀벌의 먹이가 되는 화초에 농약 사용을 금지했는데, 지난 2018년 말부터 규제를 강화해 온실 외의 모든 곳에서 사용이 금지된다.

최근에는 위기에 놓인 꿀벌을 살리려고 우리나라의 서울을 포함해 세계 여러 도시에서 양봉을 하고 있다. 건물 옥상이나 도심 공원 등에 벌통을 두고 꿀벌을 기르는 것이다. 도시 양봉은 영국 런던에선 1990년대 후반에 시작되었다. 일본의 경우 2006년부터 도쿄를 중심으로 도시 양봉이 이뤄졌다. 노르웨이의 오슬로에서는 옥상에 스마트 벌통을 설치해 꿀벌을 기른다. 벌통 주인은 스마트폰을 통해 언제든 벌통 안의 온도나 꿀의 양 등 정보를 알 수 있다.

▲노르웨이 오슬로 시내의 한 건물 옥상에 설치된 인공 벌집. 벌집 하나에 16만 마리가 살 수 있다.

과학 기술을 이용한 대책도 나오고 있다. 지난 2017년 일본의 과학자들은 꽃가루받이를 하는 로봇드론벌 개발에 성공했다. 영국의 맨체스터대학의 연구팀은 2015년부터 꽃가루받이도 하고 꿀도 모으는 로봇벌을 만드는 연구에 나섰다.

## 생각이 쏘옥

**1** 꿀벌이 사라지면 사람들은 어떤 어려움을 겪을지 설명하세요.

**2** 아인슈타인은 꿀벌이 멸종하면 왜 인류도 4년 안에 멸종한다고 말했나요?

▲아인슈타인은 꿀벌이 멸종하면 인류도 4년 안에 멸종할 거라고 경고했다.

**3** 꿀벌과 종자식물이 서로 돕고 사는 것을 공생 관계라고 합니다. 자연에서 공생 관계에 있는 예를 한 가지만 더 들어 보세요.

▲개미와 진딧물의 공생.

개미는 진딧물보다 몸집이 크고 힘도 세다. 개미는 무당벌레 등 천적에게서 진딧물을 보호해 준다. 대신 진딧물은 꽁무니의 꿀샘에서 당분 방울을 내어 개미에게 보답한다.

### 머리에 쏘옥

### 꽃가루받이 어떻게 이뤄지나

꽃가루받이는 종자식물의 수술에서 만들어진 꽃가루가 암술에 옮겨 붙어 수정이 이루어지는 것을 말합니다. 식물이 씨를 만들고 열매를 맺어 번식하려면 필요한 과정이지요. 그런데 식물은 스스로 움직일 수 없으므로, 생물이나 자연의 도움을 받습니다.

꿀벌의 꽃가루받이는 꽃을 위해 하는 행동은 아닙니다. 꿀을 찾아 꽃 안으로 들어간 꿀벌이 온몸에 꽃가루를 묻힌 채 이 꽃 저 꽃으로 꿀을 모으러 옮겨 다니는 동안 이뤄지는 것이죠. 그래서 꿀벌과 꽃은 서로에게 도움을 주고받는 공생 관계로 볼 수 있습니다.

꿀벌 외에도 나비나 나방, 파리, 거미 등 생물도 꽃가루받이를 돕습니다. 바람이나 비 같은 자연 현상에 의해 이뤄지기도 하지요. 그러나 꿀벌만큼 효과적으로 돕지는 못한답니다.

아몬드의 꽃가루받이는 전부 꿀벌이 담당합니다. 사과와 블루베리는 90%, 복숭아는 48%, 오렌지는 27%, 목화는 16%를 꿀벌이 하지요.

▲아몬드꽃에서 꿀을 모으는 꿀벌들.

### 생각이 쑥

**4** 과학자들이 추정하는 꿀벌의 감소 원인을 4가지로 정리하세요.

**5** 75쪽 밑줄 친 내용에서, 사람들이 휴대전화를 사용하면서도 꿀벌을 지킬 수 있는 방법을 제시하세요.

▲꿀벌은 휴대전화에서 나오는 전자기파 때문에 행동에 혼란을 일으키는 것으로 밝혀졌다.

### 머리에 쏘옥

#### 전자기파와 꿀벌

전자기파는 전류가 흐를 때 생기는 에너지를 말합니다. 휴대전화를 포함해 모든 전자 제품에서 전자기파가 발생하지요.

특히 휴대전화의 전자기파가 꿀벌 감소의 가장 큰 원인으로 보고 있습니다. 휴대전화는 다른 전자 제품과 달리 이동하면서 사용하기 때문입니다.

지난 2008년 한 양봉 농가가 벌통 주변에서 휴대전화로 통화하며 꿀벌을 관찰하는 실험을 했습니다. 그런데 벌통 밖으로 나가는 꿀벌이 줄고 집으로 돌아오던 꿀벌은 집을 찾지 못해 벌통 주위를 맴돌았답니다.

먹이 실험도 함께 했습니다. 한쪽에는 통화 상태로 한 뒤 먹이와 휴대전화기를 함께 두고, 다른 쪽에는 먹이만 둔 채 관찰했습니다. 그런데 휴대전화기가 없는 쪽의 먹이에만 꿀벌이 모여들어 먹이를 먹었답니다.

▲휴대전화기가 없는 먹이(오른쪽)에만 꿀벌이 모여들어 먹이를 먹고 있다.

**6** 로봇(드론)벌을 이용해 꽃가루받이를 하면 어떤 점이 좋은지 이야기해 보세요.

일본의 한 연구팀이 8년간 노력한 끝에 지난 2017년 로봇드론벌을 만들었다. 로봇드론벌은 드론의 몸통 부분에 말의 털을 붙인 뒤, 털끝에 끈적이는 젤을 입혀 꽃가루가 붙도록 했다. 연구팀은 백합을 이용한 꽃가루받이 실험에 성공했다.

▲일본 연구팀이 만든 로봇드론벌.

**7** 도시 양봉이 확대되면 좋은 점을 아는 대로 말해 보세요(300자).

▲어린이들이 도시 양봉을 체험하고 있다.

### 머리에 쏘옥

#### 스마트 벌통

노르웨이 오슬로의 건물 옥상에 설치된 스마트 벌통은 진짜 벌집처럼 노란색 육각형 모양입니다. 한 건축 설계 회사가 개발한 것인데, 벌통에는 내부 온도와 외부 날씨, 꿀의 양을 잴 수 있는 여러 디지털 기기가 설치돼 있습니다.

벌통 주인은 스마트폰 등을 통해 실시간으로 벌통 안의 정보를 살필 수 있지요. 따라서 바쁜 도시인들이 손쉽게 양봉을 할 수 있답니다.

#### 도시 양봉의 좋은 점

런던에서는 도시 양봉을 통해 주민들에게 꿀을 팔아 새로운 소득원으로 자리를 잡았습니다. 주민들도 꿀을 믿고 먹을 수 있어 좋지요.

덴마크의 코펜하겐에서는 도시 양봉으로 저소득층과 난민 등에게 일자리를 마련해 주고 있답니다.

우리나라의 경우 도시 어린이를 위한 양봉 체험 기회를 제공해 자연 생태 공부에 도움이 됩니다.

꿀벌을 키우기 위해 도시에 숲을 만들고, 옥상에 텃밭을 가꾸고, 거리에 꽃을 심다 보면 도시 환경이 개선되는 효과도 있지요. 그리고 벌을 따라 다른 곤충과 새들도 모여들어 도시에 새로운 자연 생태계가 만들어진답니다.

# 10 자연과학

## 감염병의 숙주가 된 박쥐

▲박쥐는 사람을 위협하는 바이러스를 수십 가지나 가지고 있다.

　지난 2019년 중국에서 발생해 세계로 퍼진 감염병인 코로나19 바이러스의 숙주가 박쥐로 추정되고 있습니다. 박쥐의 몸에서 사는 바이러스는 130가지가 넘는다고 합니다. 하지만 수많은 바이러스에 감염된 박쥐는 병에 걸리지 않지요. 박쥐가 어떤 동물인지 알아보고, 박쥐가 옮기는 감염병이 늘어나는 까닭을 공부합니다.

## 박쥐는 어떤 동물인가

▲박쥐는 젖먹이동물 가운데 유일하게 하늘을 날 수 있는데, 나뭇가지 사이 등 좁은 곳에서도 빠르게 날 수 있다.

박쥐는 세계적으로 1200종이 넘는데, 극지방을 뺀 세계 여러 지역에 흩어져 산다. 대개 동굴이나 바위틈에서 수십~수만 마리씩 떼를 지어 생활한다. 11월부터 이듬해 3~4월까지 겨울잠을 자며, 여름에도 더위가 계속되면 휴식에 들어간다.

박쥐는 주로 모기나 나방 등 작은 곤충을 잡아먹고 산다. 과일 또는 꽃의 꿀을 먹거나, 동물의 피를 빨아먹는 흡혈박쥐도 있다. 한 해에 한두 마리의 새끼를 낳고, 10~40년을 산다.

박쥐는 시력이 약하다. 어둠 속에서 생활하면서 시력이 퇴화했기 때문이다. 박쥐가 밤에 잘 날 수 있는 까닭은 초음파를 이용하기 때문이다. 초음파는 사람이 들을 수 있는 소리(16Hz~2만 Hz)보다 진동수가 더 많은 소리다. 박쥐는 코나 입으로 1초에 최고 200번의 초음파를 발사해 목표물에서 반사되어 돌아오는 소리를 귀로 듣는다. 그리고 장애물이나 먹이의 종류, 거리를 판단한다. 박쥐끼리 의사를 주고받을 때도 초음파를 이용한다. 박쥐의 초음파는 사람이 만든 빌딩 등 시설물에는 통하지 않는다. 이 때문에 건물 유리창에 부딪혀 다치거나 죽는 일이 일어나기도 한다.

**이런 뜻 이에요**

퇴화 생물의 특정 기관이 오랫동안 쓰이지 않아 기능을 잃거나 사라지는 현상.
Hz 헤르츠. 1초에 일어나는 진동수의 단위.

## 박쥐는 왜 '바이러스의 창고'일까

박쥐가 코로나19 바이러스의 숙주로 추정되고 있다. 박쥐의 몸속에는 130여 종류의 바이러스가 산다. 이 가운데 60여 가지가 사람에게 해를 끼친다. 박쥐의 몸속에 바이러스가 많이 사는 까닭은, 1억 년 이상 지구에 살면서 수많은 바이러스에 노출되었기 때문이다. 게다가 동굴에서 집단 생활을 하면서 바이러스를 주고받기도 한다. 멕시코자유꼬리박쥐는 한곳에서 약 100만 마리가 무리를 지어 산다.

▲박쥐는 습기가 많은 동굴에서 떼를 지어 살며 서로 바이러스를 주고받는다.

박쥐가 몸속에 바이러스를 많이 품고 사는데도 병에 걸리지 않은 까닭은, 바이러스와 함께 살 수 있도록 진화했기 때문이다. 박쥐는 바이러스가 몸속에 들어와도 죽이지 않고, 그 수를 조절해 병을 일으키지 않을 정도로 균형을 맞춘다.

그런데 과학자들은 '바이러스의 창고'인 박쥐를 지구상에서 사라져서는 안 될 동물로 꼽는다. 사람과 생태계에 주는 이익이 크기 때문이다. 박쥐는 망고나 대추야자, 무화과나무의 꽃가루받이를 돕고, 식물의 씨를 퍼뜨려 숲을 울창하게 만든다. 모기와 나방 등 해충을 잡아먹어 그 수를 조절하는 역할도 한다. 그리고 사람에게 바이러스를 옮기는 박쥐는 과일박쥐나 흡혈박쥐 등 일부다.

### 이런 뜻이에요

**숙주** 다른 생물에 기생하는 생명체에게 영양분과 살 곳을 제공하는 생물.
**멕시코자유꼬리박쥐** 멕시코 등 북미에 많이 서식하는 중형 크기의 박쥐. 멸종 위기에 놓여 있다.
**꽃가루받이** 종자식물에서 수술의 화분이 암술머리에 붙는 일.

## 박쥐가 옮기는 질병이 왜 늘어날까

▲무분별한 개발로 박쥐의 서식지가 파괴되었다.

박쥐는 오랫동안 인류와 함께 살았지만, 감염병을 많이 퍼뜨리기 시작한 것은 최근의 일이다. 인구가 증가하면서 도시와 도로 등을 건설하는 과정에서 박쥐들이 살던 숲까지 개발했기 때문이다.

이처럼 박쥐와 사람들의 서식지가 겹치자 박쥐의 바이러스가 사람에게 퍼지기 시작했다. 1918년 말레이시아에서는 밀림을 개발해 돼지 농장을 만들었는데, 농장 주변에 살던 박쥐의 배설물에서 바이러스가 전파되어 사람들이 큰 해를 입었다.

야생 동물을 식용으로 삼는 점도 문제다. 코로나19가 처음 발생한 중국의 후베이성 우한 지역의 시장에서는 박쥐 등 여러 종류의 야생 동물을 식용으로 사고판 것으로 드러났다.

교통 발달의 영향도 크다. 1978년 아프리카 콩고의 한 마을에서 박쥐를 잡아먹은 뒤 발생한 감염병은 근처 마을에만 퍼졌다. 그런데 2014년 아프리카의 기니에서 시작된 같은 종류의 감염병은 주변 3개국에 전파되어 피해가 커졌다. 마을에서 대도시까지 뚫린 고속도로 탓에 많은 사람을 감염시켰기 때문이다. 감염자가 비행기나 자동차를 타고 다른 국가로 이동하면서 바이러스의 전파 속도도 빨라졌다.

생각이 쑥

**1** 박쥐가 사람에게 옮기는 코로나19와 같은 인수공통감염병을 아는 대로 말해 보세요.

▲조류인플루엔자(AI)란 닭이나 오리 등 가금류와 야생 조류의 바이러스에 감염되어 생긴다.

**2** 박쥐의 몸속에 많은 바이러스가 사는 까닭이 무엇인가요?

**3** 박쥐가 옮기는 감염병이 늘어난 원인을 아는 대로 들어 보세요.

▲박쥐를 먹거나 만지는 과정에서도 바이러스에 감염될 수 있다.

### 머리에 쏘옥

#### 인수공통감염병이란

인수공통감염병은 동물이 옮기는 병원체에 사람이 감염되어 일어나는 질병을 말합니다. 전체 감염병 가운데 약 70%(100 가운데 70)로 알려져 있습니다.

조류인플루엔자(AI)도 인수공통감염병의 한 가지입니다. 닭이나 오리 등 가금류와 야생 조류에 기생하는 인플루엔자 바이러스가 배설물을 통해 사람에게 옮겨집니다. 독감처럼 고열과 근육통, 호흡 곤란 증상이 나타나며, 폐렴으로 이어지기도 합니다.

브루셀라증은 소나 염소, 돼지 등 가축이 옮기는 브루셀라균에 감염되어 발생하는 질병입니다. 감염 동물의 배설물과 우유 등을 통해 사람에게 전파됩니다. 감염되면 위장계에 영향을 주어 복통과 설사, 고열이 따릅니다. 백신이나 항생제로 예방이 가능합니다.

#### 박쥐가 바이러스를 전파하는 방법

흡혈박쥐는 소나 염소, 말, 당나귀 등 가축과 새들의 혈관을 공격해 피를 빨아 먹지요.

박쥐가 동물의 피를 빨아 먹는 과정에서 각종 병균과 기생충이 동물에게로 옮겨집니다. 사람도 이러한 동물과 접촉하거나 박쥐에게 물리면 감염될 수 있지요.

### 생각이 쏘옥

**4** 박쥐가 수많은 바이러스에 감염되어 있는데도 병에 걸리지 않는 까닭을 대 보세요.

**5** 박쥐의 바이러스가 사람에게 어떻게 전파되는지 세 가지만 들어 보세요.

▲박쥐가 오염시킨 과일을 먹어도 바이러스가 전파된다.

### 💡 머리에 쏘옥

**박쥐가 병에 걸리지 않는 까닭**

박쥐가 수많은 바이러스에 감염되었는데도 병에 걸리지 않는 까닭은 박쥐의 특이한 면역 체계 때문입니다.

젖먹이동물은 대개 바이러스에 감염되면 면역 물질(인터페론)을 강하게 분비해 바이러스를 막아 냅니다. 이때 면역력이 약해 바이러스가 불어나는 것을 막지 못하면 병에 걸리지요.

하지만 박쥐는 바이러스에 감염되기 전부터 일정한 수준의 면역 물질을 내보냅니다. 따라서 바이러스가 들어와도 그 수를 조절해 바이러스와 함께 살 수 있지요. 그리고 박쥐는 하늘을 날 때 몸의 온도가 섭씨 40도까지 오릅니다. 이 때문에 열에 약한 바이러스가 힘을 잃어서 병에 걸리지 않는답니다.

▲박쥐는 다른 젖먹이동물과 달리 바이러스에 감염되기 전부터 면역 물질을 내보내기 때문에 병에 걸리지 않는다.

**6** 박쥐가 감염병을 일으킨다고 박쥐를 멸종시킬 경우 생태계에 어떤 일이 일어날지 추측해 보세요.

▲박쥐는 식물의 꽃가루받이를 돕는다.

**7** 박쥐가 옮기는 감염병을 막기 위해 정부와 기업, 개인이 해야 할 일을 한두 가지씩만 말해 보세요.

### 머리에 쏘옥

#### 박쥐를 멸종시키면 어떻게 될까

박쥐는 곤충을 잡아먹어 생태계의 균형을 맞추는 조절자 역할을 합니다. 박쥐가 없으면 곤충이 지나치게 늘어나 생태계의 균형이 무너질 수 있지요. 그리고 해충을 많이 잡아먹어 농사를 돕고, 살충제의 사용도 줄입니다. 열대 지역 과수의 꽃가루받이도 돕습니다. 박쥐의 배설물은 천연 비료로 사용된답니다. 따라서 박쥐를 모두 죽이면 잃는 것이 많지요.

#### 박쥐가 옮기는 감염병을 줄이는 방법

박쥐가 옮기는 감염병을 줄이려면 박쥐의 서식지부터 보호해야 합니다. 무분별한 숲 개발도 막아야 하지요. 감염병이 돌면 널리 퍼지지 않도록 방역에도 힘써야 합니다. 출입국 관리도 촘촘하게 해야 하지요.

기업은 백신과 치료제를 빨리 개발해야 합니다.

개인은 박쥐를 먹거나 만지지 않습니다. 외출했을 때는 흐르는 물에 손을 자주 깨끗이 씻습니다. 사람이 많이 모인 곳에는 되도록 가지 않습니다. 무엇보다 규칙적으로 운동을 해서 면역력을 높여야 하지요.

# 여성 참정권의 역사

▲지난 2018년 6월 영국 런던에서 여성들이 참정권 획득 100주년을 기념하는 행사를 열고 있다.

　참정권은 국민이 정치에 참여할 수 있는 권리를 말합니다. 민주 국가에서는 국민이 나라의 주인입니다. 따라서 모든 국민에게 참정권이 주어져야 하지만, 여성은 오랫동안 참정권이 없었습니다. 참정권이 무엇인지 살펴보고, 외국과 우리나라에서 여성이 참정권을 얻게 된 역사를 공부합니다.

## 참정권이란 무엇인가

참정권은 국민이 정치에 직접 또는 간접으로 참여하는 권리를 말한다. 직접 참여하는 권리에는 국민투표에 참여해 중요한 나랏일을 결정할 권리가 있다. 국민투표를 통해 대통령이나 국회의원 등 잘못을 저지른 대표자를 그만두게 하거나, 일정한 숫자 이상의 국민이 법안을 제출할 수 있는 권리도 여기에 속한다. 하지만 이러한 권리는 현재 우리나라에서는 인정하지 않는다.

간접으로 참여하는 권리에는 대표자를 뽑는 선거권이 있다. 나랏일을

▲많은 사람이 민주주의를 지키기 위해 희생한 덕분에 우리 국민은 참정권을 얻을 수 있었다.

결정할 때에는 국민의 뜻에 따라야 한다. 민주 국가에서는 국민이 나라의 주인이기 때문이다. 그런데 모든 나랏일을 국민의 뜻에 따라 결정할 수는 없다. 나라가 넓고 국민이 많아 모든 국민이 한자리에 모이기 어렵기 때문이다. 나랏일이 너무 많고 복잡해 국민의 뜻을 일일이 물어보기도 어렵다. 그래서 국민이 선거로 뽑은 대표자에게 나랏일을 맡기는데, 이를 대의민주주의라고 한다.

민주 국가에서는 모든 국민에게 선거권이 주어져야 한다. 하지만 과거에는 오랫동안 가난한 사람과 여성에게는 선거권이 주어지지 않았다. 지금 우리나라도 만 18세 이하는 선거권이 없다.

**이런 뜻 이에요**

**국민투표** 국민의 뜻을 물어 중요한 나랏일을 결정하기 위한 투표.

# 목숨 걸고 싸워서 얻은 외국의 여성 참정권

▲영국의 여성 운동가 에멀린 팽크허스트(1858 ~1928)가 1907년 여성에게도 참정권을 달라고 요구하는 시위를 벌이다 경찰에 체포되는 모습.

민주주의는 1789년 프랑스 혁명이 일어난 뒤부터 널리 퍼지기 시작했다. 혁명에 참가한 올랭프 드 구즈(1748~93)는 여성에게도 참정권을 달라고 요구했지만, 뜻을 이루지 못했다. 구즈는 사형을 당했고, 여성의 집회는 금지되었다. 여성은 참정권을 얻기까지 오랜 시간을 더 기다려야 했다.

세계에서 여성에게 선거권을 가장 먼저 준 나라는 1893년 뉴질랜드였다. 하지만 세계적으로 여성이 선거권을 얻는 데 가장 큰 공을 세운 사람은 영국의 여성 운동가들이었다. 이들은 19세기 말부터 단식 투쟁과 집회, 거리 시위 등 여러 방법으로 참정권을 요구하는 운동을 펼쳤다. 1913년에는 한 여성 운동가가 참정권을 요구하며 경마장의 말 앞으로 뛰어들었다가 말발굽에 밟혀 숨지기도 했다. 이 사건이 일어난 뒤 여성 참정권 운동이 많은 사람의 지지를 받았고, 1918년 영국 의회는 재산이 많은 30세 이상의 여성에게 선거권을 주는 법을 만들었다.

그 뒤 유럽과 미국의 여성은 남성과 평등한 선거권을 얻을 수 있었다. 아시아와 아프리카에 사는 여성도 제2차 세계대전이 끝나고 독립을 이룬 뒤 선거권을 가지게 되었다.

### 이런 뜻 이에요

**프랑스 혁명** 1789년 프랑스에서 평민이 왕과 귀족을 몰아내고 민주주의 정치 제도를 수립한 사건.
**집회** 여러 사람이 같은 목적을 가지고 특정한 장소에 일시적으로 모이는 것.
**제2차 세계대전** 1939년부터 1945년까지 유럽과 동아시아, 태평양에서 세계 여러 나라가 편을 갈라 싸웠던 큰 전쟁.

## 우리나라는 여성 참정권 약해

여성에게 선거권이 주어지지 않은 이유는 남성은 바깥일을 하고 여성은 집안일을 해야 한다는 그릇된 생각이 강했기 때문이다. 여성은 남성보다 지적 능력이 떨어진다는 생각도 여성의 참정권을 막았다. 프랑스 혁명 이후 평등사상을 받아들인 여성들은 이런 생각에 맞섰다.

우리나라에서도 여성의 사회 활동이 활발해지며, 1919년 대한민국 임시정부는 여성에게 참정권을 주었다. 이런 흐름은 1948년에 만들어진 대한민국 헌법에도 이어졌다. 국민의 평등권을 보장하고, 여성에게도 남성과 똑같은 선거권을 준 것이다.

▲서울 종로구 광화문광장에서 시민들이 여성 독립운동가들을 기리는 행사를 열고 있다.

하지만 여성의 참정권 보장은 거저 얻은 게 아니었다. 영국의 여성이 참정권 운동에 적극 참여했듯, 많은 우리나라 여성도 독립 운동에 헌신한 결과였다. 민족 차별에 맞서 싸우는 독립 운동 과정에서 여성 차별에도 눈을 뜬 것이다.

하지만 오늘날 여성은 선거권은 평등해도 피선거권에서는 그러하지 못하다. 현재(제21대) 우리나라 국회의원 300명 가운데 여성은 19%뿐이다. 진정한 참정권의 평등을 이루려면 더 많은 여성이 대표자로 뽑혀야 한다.

### 이런 뜻이에요

**대한민국 임시정부** 1919년 우리나라 독립운동가들이 중국 상하이에 세운 독립 운동의 최고 지도 기관.
**피선거권** 선거에 나가 대표자로 뽑힐 수 있는 권리.

생각이 쑥욱

1  국민이 정치에 직접 참여하는 권리와 간접 참여하는 권리에는 각각 어떤 것이 있는지 정리하세요.

| 직접 참여하는 권리 | |
|---|---|
| 간접 참여하는 권리 | |

2  오늘날 민주 국가에서 대의민주주의로 나라를 운영하는 까닭은 무엇인가요?

▲국회는 대의민주주의에 의해 국민이 뽑은 대표자들이 법을 만드는 곳이다.

3  우리나라에서 만 18세 이하의 사람들에게는 같은 국민이지만 선거권을 주지 않는 까닭을 말해 보세요.

💡 머리에 쏙욱

### 어린이에게 선거권을 주지 않는 까닭

▲초등학교 어린이들이 전교 어린이회장 선거 운동을 하고 있다.

국민이 선거권을 행사하려면 합리적으로 생각하는 힘이 있어야 합니다. 그래야 중요한 나랏일을 이해할 수 있고, 여러 정당이 내세우는 정책이나 후보자의 됨됨이를 정확하게 평가할 수 있지요.

지금 우리나라는 만 18세 이하에게는 선거권을 주지 않습니다. 만 19세가 되어야 합리적으로 생각하는 힘을 갖출 수 있다고 인정하기 때문이지요.

19세 미만의 어린이와 청소년은 아직 생각하는 힘이 약합니다. 따라서 중요한 나랏일과 정책, 후보자의 됨됨이를 제대로 알기 어렵습니다.

생각이 쏘옥

**4** 영국의 여성 운동가들은 참정권을 얻으려고 어떤 노력을 했나요?

▲에멀린 팽크허스트가 대중 집회에서 여성에게도 참정권을 달라고 요구하는 연설을 하고 있다.

**5** 여성에게 선거권을 주지 않았던 까닭을 밝히고, 그런 까닭에는 어떤 문제가 있었는지 지적하세요.

### 머리에 쏘옥

**왜 여성에게 선거권이 주어지지 않았을까**

프랑스 혁명 이후 모든 사람은 평등하다는 생각이 널리 퍼졌지요. 이에 따르면 여성도 남성과 마찬가지로 교육을 받고 사회 활동을 할 수 있는 권리가 있습니다.

하지만 여성은 남성과 똑같은 사람으로 인정을 받지 못했습니다. 여성은 집안일만 해야 한다는 그릇된 생각은 사회 활동을 할 수 있는 권리를 부정했습니다.

여성의 지적 능력이 떨어진다는 비뚤어진 생각은 여성이 교육을 받을 권리를 부정한 결과였습니다.

▲여성은 집안일만 해야 한다는 그릇된 생각은 여성 차별을 낳았다.

**6** 우리나라 여성들이 1948년에 만들어진 대한민국 헌법에 따라 남성과 똑같은 선거권을 얻을 수 있었던 까닭을 설명하세요.

▲여성 독립운동가들의 사진과 초상화.

**7** 우리나라에서 진정한 여성의 참정권이 실현되려면 더 많은 여성이 국민의 대표자로 뽑혀야 한다는 주장을 펼쳐 보세요(300자).

 머리에 쏘옥

### 더 많은 여성을 국민의 대표자로 뽑아야 하는 이유

더 많은 여성이 국민의 대표자로 뽑혀야 정치에 더 활발하게 참여할 수 있습니다. 참정권 가운데 선거권이 소극적인 권리라면 피선거권은 적극적인 권리입니다. 여성들이 피선거권을 활용하여 국민의 대표자로 많이 뽑힐수록 중요한 나랏일을 결정하는 데 더 적극적으로 참여할 수 있습니다.

여성이 대표자로 뽑히면 여성들에게 더 많은 도움을 줄 수 있다는 점도 중요합니다. 여성은 남성과 달리 아기를 낳고 기르는 데 훨씬 더 많은 부담을 지고, 이 때문에 사회 활동을 하기 어렵습니다. 여성 정치인은 남성 정치인보다 여성의 어려움을 더 깊이 이해하므로 여성의 권리를 더 효과적으로 지킬 수 있습니다.

▲여성 운동가들이 국회 앞에서 여성의 정치 참여 확대를 요구하는 시위를 하고 있다.

# 무역을 하는 까닭

▲무역은 자기 나라에서 구하기 어렵거나 비싼 물건을 외국에서 손쉽고 값싸게 얻기 위해 이뤄진다.

    우리나라에서는 석유가 나지 않습니다. 망고나 바나나 등 열대 지방의 과일도 생산하기 어렵지요. 그런데 주유소에 가면 차에 연료를 넣을 수 있고, 마트에서는 열대 과일을 싼값에 쉽게 살 수 있습니다. 이렇게 필요한 물건을 손쉽게 살 수 있는 까닭은, 우리나라가 외국과 무역을 하기 때문입니다. 무역이 무엇인지 알아본 뒤, 우리나라 무역의 특징을 공부합니다.

## 상품을 수출하거나 수입하는 것이 무역

▲무역은 수출과 수입으로 이뤄진다. 외국에 물건을 파는 것이 수출, 사서 들여오는 것이 수입이다.

국가와 국가 사이에 필요한 상품을 사고파는 경제 활동을 무역이라고 한다. 무역을 하면 국내에서 생산하지 못하거나 비싼 물건을 손쉽고 싸게 구입할 수 있다. 또 경쟁력이 있는 물건을 수출해 외화도 벌어들이고 일자리가 늘어나 경제가 발전한다.

그런데 국가가 자국의 산업을 보호하거나 발전시키려고 어떤 상품에 관세를 매기거나 수입량을 제한하는 사례도 있다. 이러한 형태를 보호 무역이라고 한다. 수입하는 상품에 관세를 붙이면 그만큼 값이 비싸지기 때문에 사려는 사람이 줄어든다. 따라서 비슷한 상품을 생산하는 국내 산업을 보호할 수 있다. 하지만 소비자들은 값싼 수입품보다 비싼 국산품을 사야 한다. 그리고 외국과 무역 갈등이 일어날 수 있다.

하지만 자유롭게 무역을 하면 나라마다 자기 나라에 유리한 물건을 생산하게 된다. 따라서 비용을 적게 들여 물건을 많이 만들게 되므로 값을 낮출 수 있다. 이렇게 되면 수출이 늘어나 경제가 발전한다. 소비자는 싼값에 품질 좋은 상품을 살 수 있다. 여러 나라가 교류하게 되면서 국가 간의 정치적 갈등도 감소한다. 하지만 다른 나라보다 경쟁력이 약한 산업은 쇠퇴해서 일자리가 사라진다.

**이런 뜻이에요**

관세 수입하거나 수출하는 상품에 붙이는 세금.

## 무역이 이루어지는 까닭

상품을 생산하는 조건은 나라마다 다르다. 기후 등 자연 환경이 달라 재배하는 농작물의 종류가 다르고, 천연 자원의 종류나 매장량도 다르다. 인구나 자본, 노동자의 기술도 차이가 난다. 따라서 상품 생산에 드는 비용이나 품질이 달라진다.

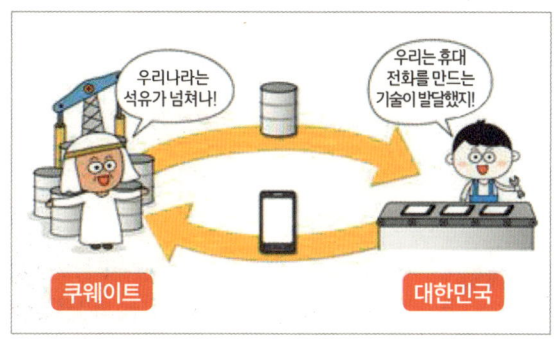

▲무역은 원래 자기 나라에서 생산하지 못하는 물건을 사다가 쓰기 위해 이뤄졌다.

무역은 처음에 자국에서 나지 않거나 만들지 못하는 상품을 구하기 위해 이뤄졌다. 대개 자연 환경이 다르거나 기술력의 차이 때문에 생기는데, 이러한 제품의 경우 수출하는 나라에서 드는 생산비가 수입하는 나라보다 훨씬 적게 든다. 우리나라는 석유가 필요하지만 석유가 나오지 않기 때문에 석유가 많이 나는 나라에서 수입해서 쓴다.

무역은 더 많은 이익을 얻기 위해 이뤄지기도 한다. 이러한 경우 국가에서 상품을 생산할 수 있는 능력은 있지만, 이익을 더 많이 남길 수 있는 상품을 전문적으로 생산해서 수출하는 방식이다. 예를 들어 우리나라에서 스마트폰과 축구공을 만드는 기술이 뛰어나다고 하자. 그런데 같은 시간에 두 가지 상품을 모두 만드는 것보다 스마트폰만 만들어 팔았을 때 이익이 더 크면 스마트폰만 생산해 수출하고, 축구공은 수입하는 방식이다.

**이런 뜻이에요**

**생산비** 제품을 생산하는 데 드는 비용. 원료비와 노동자의 임금 등을 통틀어 말한다.

## 우리나라는 가공 무역 많아

▲우리나라는 지금 주요 무역 상대국인 일본과 사이가 나빠지면서 무역을 하는 데 어려움을 겪고 있다.

우리나라는 과거부터 원유와 철광석 등 공업에 필요한 원료와 기계 부품을 수입했다. 이에 비해 수출 품목은 시대별로 차이가 있다. 1970년대까지는 섬유나 가발 등 경공업 제품을 수출했다. 1980년대 이후로는 산업이 발달하면서 철강이나 선박 등 중화학공업 제품으로 바뀌었다. 그 뒤 1990년대부터는 반도체나 전자 제품, 자동차 등 첨단 기술이 필요한 제품을 수출한다.

우리나라는 대부분 가공 무역을 한다. 가공 무역이란 필요한 원자재나 중간 제품을 수입한 뒤, 국산 기술과 노동력으로 완성된 제품을 만들어 수출하는 방식이다. 쿠웨이트 등에서 수입한 원유는 정유 회사에서 휘발유와 경유 등으로 분리한 뒤 수출한다.

우리 무역 상대국은 중국과 미국, 일본에 치우쳐 있다. 따라서 이들 나라의 경제 사정이 나빠지거나 국가 간에 사이가 나빠지면 무역에 어려움을 겪는다. 물건을 만드는 데 필요한 원료를 거의 수입에 의존하기 때문에 원유와 지하자원의 가격에도 영향을 크게 받는다. 그래서 원자재 값이 오르면 수출 제품의 가격도 올려야 하므로 불리하게 되어 무역 상대국의 수를 늘리는 노력이 필요하다.

**이런 뜻 이에요**

**경공업** 부피에 비해 무게가 가벼운 물건을 만드는 공업. 섬유나 화학, 식료품 등 산업이 중심이다.
**중화학공업** 제조업을 생산물의 무게에 따라 두 가지로 나눌 경우, 금속, 기계, 화학, 석유 등 중량이 큰 제품을 생산하는 산업.

생각이 쑤욱

**1** 무역을 하면 좋은 점을 모두 대 보세요.

▲우리나라에서도 열대 과일을 싼 값에 먹을 수 있다.

> **머리에 쏘옥**
>
> **관세의 역할**
>
> 관세는 수출입 상품이 국경선을 통과할 때 물리는 세금입니다. 상품에 따라 세율을 낮추거나 높일 수 있습니다.
>
> 관세는 외국 상품이 마구 수입되는 것을 막아 자국 산업을 보호하기 위해 물립니다. 상품에 관세를 붙이면 그만큼 값이 올라 국산품과 경쟁하는 데 불리해지기 때문이죠.
>
> 국가에서 세금을 걷으려는 목적도 있답니다. 특히 저개발 국가에서는 나라의 살림에 보태려고 높은 관세를 물리기도 합니다.
>
> 하지만 관세를 많이 매길수록 무역을 막는 장벽 역할을 하므로 자유 무역을 원하는 여러 나라에서는 관세를 낮추거나 아예 없앤답니다.

**2** 자유 무역과 보호 무역의 장단점을 정리하세요.

|  | 자유 무역 | 보호 무역 |
|---|---|---|
| 장점 |  |  |
| 단점 |  |  |

**3** 수출입 상품에 관세를 붙이는 까닭을 말해 보세요.

### 생각이 쏘옥

**4** 기술이 뛰어나고 자본도 풍부해서 다양한 상품을 만들 수 있는 나라에서 외국과 무역을 하는 까닭을 예를 들어 설명하세요.

▲우리나라는 메모리용 반도체를 전문적으로 생산하므로 싼값에 품질 좋은 제품을 많이 수출하게 되었다.

### 머리에 쏘옥

**가공 무역이 발달한 까닭**

우리나라는 1960년대부터 가공 무역을 통해 경제를 발전시켰지요. 가공 무역이 발달한 까닭은 공업에 필요한 자원은 부족하지만, 숙련된 노동자가 많고 높은 기술력이 있기 때문입니다.

가공 무역은 외국의 자원과 시장을 활용해 국가 경제를 발전시키는 장점이 있습니다. 하지만 수입하는 원자재의 값이 오르면 생산비의 부담이 커지는 데다, 수출이 어렵기 때문에 국가 경제가 어려움을 겪을 수 있답니다.

**5** 우리나라에서 가공 무역이 발달한 까닭은 무엇인가요?

▲우리나라는 원재료를 수입해서 완제품을 만들어 수출한다.

**6** 외국에 수출만 하고 수입하는 상품에 관세를 많이 붙여 수입을 제한하면 어떤 문제가 생길까요?

▲외국 상품의 수입을 막으면 우리나라의 수출도 규제를 받게 되어 경제가 나빠진다.

### 머리에 쏘옥

#### 수입을 막으면 생기는 문제

어느 나라나 수출만 하고 수입을 하지 않으면, 다른 나라도 그 나라의 물건을 수입하지 않게 됩니다. 그러면 수출할 곳이 감소해 경제가 어려움을 겪게 되지요.

따라서 수입을 막는 것보다 외국 상품과 겨뤄 이길 수 있는 경쟁력을 길러야 합니다. 외국보다 싸고 품질이 좋은 상품을 만들기 위해 노력해야 하지요. 국산품의 경쟁력이 더 뛰어나면 수입품보다 더 잘 팔리고 수출도 늘어납니다.

**7** 아래 글을 참고해서, 우리나라 무역의 문제점을 지적하고, 이러한 문제점을 해결할 수 있는 방법을 제시하세요.

일본 정부는 지난 2019년 7월 우리나라의 주력 수출 상품인 반도체 제조에 필요한 3개 제품의 수출을 금지했다. 우리나라의 대법원에서 내린 일제강점기(1910~45)의 강제 징용 피해자 배상 판결을 문제로 삼았다. 일본이 수출을 규제한 제품들은 전체 수입량 가운데 94%(100 가운데 94)를 일본에서 수입하기 때문에 반도체 제조에 어려움을 겪었다.

▲2019년부터 이뤄진 일본의 수출 규제로 우리 기업이 어려움을 겪었다.

<2019년 7월 신문 기사 등 참조>

#### 우리 무역의 문제점

우리나라 무역의 문제는 무역 상대국이 중국과 미국, 일본에 치우쳐 있다는 점입니다. 따라서 이들 국가와 사이가 나빠지면 경제에 타격을 받지요.

이러한 문제에 대비하려면 무역 상대국을 늘려야 합니다. 무역 상대국이 많으면 특정 국가와 문제가 생겨 수출입을 못해도 다른 나라의 수출입 물량을 늘리면 되지요.

수출품의 핵심 부품과 소재를 생산할 수 있는 국내 기업을 키우는 일도 중요합니다. 그러면 외국에 의존하지 않고 안정적으로 산업을 발전시킬 수 있습니다.

# 식물 공장이 인기를 끄는 까닭

▲기후 변화가 심해지면서 식량 부족 문제가 닥치자 식물 공장을 지어 채소 등 농작물을 재배하는 사람들이 늘어나고 있다.

 기후 변화가 심해지고, 농사지을 땅이 부족해지면서 식물 공장이 인기를 끌고 있습니다. 식물 공장은 식물이 자라는 데 필요한 조건을 자동으로 갖춰 줘 채소 등 농작물을 재배하는 시설입니다. 식물 공장은 날씨와 장소에 영향을 받지 않고 농작물을 생산할 수 있어 식량 문제 해결에 도움이 됩니다. 식물 공장이 어떻게 운영되는지 알아보고, 장단점을 탐구합니다.

## 식량 부족 문제 해결하고 환경에도 도움

인구 증가와 기후 변화, 물 부족 등 여러 가지 이유로 식량이 부족해 어려움을 겪는 나라가 늘어나고 있다.

지금 세계 인구는 78억 명인데, 2050년에는 약 22억 명이 더 늘어나 100억 명을 넘을 것이라고 한다. 이렇게 되면 식량이 더 필요하다. 지구 온난화에 따른 기후 변화가 심해지면서 농산물의 수확량이 갈수록 줄어드는 문제

▲지구 온난화에 따라 가뭄이 심해지자 농사지을 땅이 사막으로 변하고 있다.

도 있다. 지구촌 곳곳에 가뭄과 홍수 등이 자주 일어나기 때문이다. 더구나 땅이 사막처럼 변하거나 물이 부족해서 농사지을 땅도 감소하고 있다. 고기 소비량이 늘어나는 점도 식량 위기를 부추긴다. 고기 소비가 많아질수록 가축 사육이 늘어 사료의 원료인 곡물 재배를 늘려야 한다. 그러면 사람이 먹을 식량이 줄고, 가축 사육에 필요한 땅을 넓혀야 하므로 농사지을 땅이 부족해진다.

우리나라의 경우 쌀 외에 밀과 옥수수, 콩 같은 곡물은 거의 외국에서 수입한다. 세계의 곡물 값이 크게 오르거나 수확량이 줄면 식량 위기를 겪을 수 있다는 말이다. 식물 공장에서 농작물을 생산하면 식량 부족 문제를 해결할 수 있다. 기후나 장소에 관계없이 농작물을 재배할 수 있기 때문이다.

# 영양액과 빛 등 자동 조절

▲식물 공장에서는 식물에게 필요한 영양액을 주고, 인공 조명을 해서 채소 등 농작물을 키운다.

식물 공장은 1957년 덴마크에서 작물을 재배할 때 부족한 햇빛 대신 인공 조명을 사용한 데서 시작되었다. 그 뒤 1970년대에 일본과 미국에서 인기를 끌었다. 우리나라에서도 식물 공장이 늘어나고 있다. 남극의 세종기지에서도 식물 공장을 만들어 연구원들이 직접 상추와 깻잎, 고추 등을 키워 먹고 있다. 병원이나 식당에서도 식물 공장을 만들어 직접 키운 채소로 음식을 마련한다.

식물 공장은 빛과 양분, 온도, 습도 등을 자동으로 조절해 식물을 재배하는 시설을 갖췄다. 자연에서 식물은 흙과 햇빛이 있어야 자라지만, 식물 공장은 외부와 차단된 곳에서 식물 재배에 필요한 영양분을 넣은 영양액과 인공 조명을 설치해 식물을 키운다.

자연에서는 계절이나 날씨에 따라 온도와 습도가 바뀌므로 계절에 맞는 식물을 재배한다. 이에 비해 식물 공장은 재배하는 식물이 자라기에 알맞은 온도와 습도를 정해 놓고 항상 일정하게 유지한다. 공장에서 생산하는 식물은 주로 쌈채소, 허브, 새싹 채소 등이다. 씨앗을 심어서 수확하고, 수확한 채소를 옮기는 작업까지 자동화되어 있어 사람의 손길이 거의 필요 없다.

## 날씨 영향 없고 도심에서도 가능

▲서울의 한 지하철역에 설치한 식물 공장. 양상추와 쌈 채소 등 채소 약 1200포기를 기른다.

농사는 날씨의 영향을 크게 받는다. 계절에 따라 재배할 수 있는 채소와 곡식의 종류가 다르고, 가뭄이 들거나 홍수가 나면 농사를 망치게 된다. 이에 비해 식물 공장은 날씨에 상관없이 농작물을 생산할 수 있다.

식물 재배 상자를 층층이 쌓아 올릴 수 있어 같은 넓이의 땅에서 식물을 키울 때보다 훨씬 많은 양을 재배할 수 있다. 농사지을 땅이 없어도 되므로 도심의 건물에 식물 공장을 만들 수 있고, 식물을 키우기 힘든 사막이나 극지방, 우주에서도 재배할 수 있다.

외부와 차단된 곳에서 식물을 생산하므로 병충해가 생기지 않아 농약을 쓰지 않아도 되므로 환경과 건강에도 이롭다. 자연에서 자란 채소는 영양 상태나 날씨에 따라 크기나 품질이 제각각이지만 식물 공장의 채소는 크기와 품질이 비슷하다. 같은 영양액을 흡수하고 같은 밝기의 조명을 받고 자라기 때문이다.

문제는 공장을 짓고 여러 가지 시설을 설치하는 데 비용이 많이 든다는 점이다. 그래서 식물 공장에서 생산한 채소는 비싸다. 자연에서 자란 채소보다 맛이 떨어지는 흠도 있다. 채소는 자연 환경과 싸우며 특유의 맛이 더해지기 때문이다.

생각이 쏙

1  도심에 식물 공장을 지으면 어떤 점이 좋을까요?

▲도심의 대형 마트에 만든 식물 공장.

### 머리에 쏙

**도심에 식물 공장을 지으면 좋은 점**

식물 공장은 땅이 없어도 채소를 키울 수 있습니다. 그래서 건물이 많은 도심에도 설치할 수 있지요.

도심에 식물 공장을 만들면 채소를 수확한 뒤 마트나 시장까지 배송하는 시간이 줄어 소비자가 신선한 채소를 먹을 수 있습니다.

수확한 곳에서 판매하는 곳까지 배송 거리가 짧아져 운송비도 줄일 수 있지요.

차로 운송하는 동안 배출되는 이산화탄소도 나오지 않습니다.

그리고 그 지역에서 생산된 농작물을 사 먹기 때문에 지역 경제에도 도움이 됩니다.

2  식물 공장과 자연 재배의 공통점과 차이점을 구분해 보세요.

|  | 식물 공장 | 자연 재배 |
|---|---|---|
| 공통점 |  |  |
| 차이점 |  |  |

3  식량 부족 위기가 닥친 까닭을 크게 세 가지로 정리하세요.

생각이 쑤욱

**4** 우리나라에서 식량을 생산하지 않고 모두 외국에서 수입하면 어떤 문제가 생길까요?

▲외국에서 수입한 곡물을 배에서 내리고 있다.

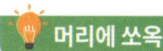 머리에 쏘옥

### 식량을 모두 수입하면 생기는 문제점

밀이나 옥수수 등 외국에서 수입하는 곡물 값이 오르면 그 곡물로 만드는 식품도 값이 상승합니다. 그러면 라면이나 빵, 과자, 국수처럼 수입 곡물로 만든 식품을 비싸게 사야 합니다.

그리고 자연 재해로 외국의 곡물 수확량이 줄 경우 비싸게 주고도 사지 못해 굶주리는 사람이 생길 수 있습니다.

### 식물 공장의 단점

식물 공장은 설치에 비용이 많이 들고, 채소의 맛이 떨어지는 단점이 있습니다.

건물이나 시설 안에서 재배해야 하므로 키 큰 곡물과 과일은 키울 수 없어요.

24시간 인공 조명을 하려면 에너지도 많이 소비됩니다. 식물 공장에서 상추 1kg을 생산할 경우 자연에서 재배할 때보다 에너지가 약 60배 더 들어간다고 합니다.

**5** 식물 공장의 단점을 세 가지 이상 제시하세요.

**6** 식물 공장은 도심의 대형 마트나 지하철역, 사막, 극지방, 우주에도 설치할 수 있습니다. 이 밖에 어디에 설치하면 인기를 끌 수 있을지 아이디어를 내 보세요.

▲남극의 세종기지에 설치한 식물 공장.

**7** 식물 공장에서는 영양액을 조절해 항암 성분이 풍부한 케일도 길러 팔 수 있습니다. 내가 식물 공장 사장이라면 어디에 식물 공장을 설치해 어떤 농작물을 길러 팔고 싶으며, 그 이유는 무엇인지도 말해 보세요 (300자).

### 머리에 쏘옥

### 식물 공장에서 어떤 특수 작물을 키울까

식물 공장에서는 영양액에 들어가는 영양소를 더하거나 빼는 방법으로 농작물의 양분을 조절할 수 있어요.

예를 들어 영양액에 칼륨을 적게 넣으면 콩팥이 안 좋은 환자를 위한 저칼륨 채소를 생산할 수 있습니다. 암 치료에 도움이 되는 성분을 넣은 케일은 일반 케일보다 항암 효과가 크지요.

딸기 같은 과일도 신맛을 줄이고 단맛이 더 많이 나게 만들 수 있습니다. 쓴맛이 나는 채소를 고소한 맛이 나게 할 수도 있답니다.

▲항암 성분이 많이 든 케일.

# 미세 먼지가 일으키는 피해

▲미세 먼지는 눈에 보이지 않을 만큼 작은 대기 오염 물질이다.

    미세 먼지가 심하면 하늘이 뿌옇게 보입니다. 미세 먼지가 흩어지지 않고 공기 중에 떠 있기 때문이지요. 미세 먼지는 매우 작고 독성 물질이 섞여 있어 몸속에 들어가면 질병을 일으키기 쉽습니다. 비에 섞여 내릴 경우 땅과 물을 오염시키고, 농작물에도 피해를 주지요. 미세 먼지가 생기는 원인을 알아본 뒤, 미세 먼지가 일으키는 피해를 공부합니다.

# 미세 먼지와 황사의 다른 점

▲미세 먼지는 공기의 흐름이 느려질 경우 짙어지는데, 대기 오염 물질이 지표면 가까이에서 머물기 때문이다.

미세 먼지란 입자의 지름이 100분의 1㎜ 이하의 먼지를 말한다. 지름이 2500분의 1㎜ 이하는 초미세 먼지라고 한다.

미세 먼지와 황사는 공기 중에 떠 있는 작은 먼지라는 공통점이 있다. 그런데 황사는 해마다 3~5월에 중국이나 몽골의 고비사막 등 건조한 지역에서 날아온 모래 먼지를 말한다. 여름에는 비가 내리고 가을에는 땅에 식물이 자라고 있기 때문에 황사가 잘 나타나지 않는다. 이에 비해 미세 먼지는 대개 사람의 활동 결과로 만들어지는 대기 오염 물질이어서, 1년 내내 발생한다.

미세 먼지가 심하면 하늘이 뿌옇게 보인다. 미세 먼지의 농도는 기상의 상태에 따라 달라지는데, 주로 초봄이나 겨울에 심해진다. 공기의 흐름이 느린 날이 많기 때문이다. 겨울에는 미세 먼지가 지표면 근처에 머무르면서 농도가 짙어진다. 온도가 낮아서 공기가 하늘 높이 상승하지 못하고 지표면 근처에 머물기 때문이다. 하지만 여름에는 햇볕이 강해 지표면이 달궈지므로 공기가 위아래로 잘 뒤섞여 미세 먼지가 공기 중에 널리 퍼진다. 1년 중에 비나 눈이 내리는 날이 많아도 미세 먼지는 감소한다.

**이런 뜻 이에요**

**입자** 물질을 이루는 매우 작은 낱낱의 알갱이.
**고비사막** 몽골과 중국에 걸쳐 있는 사막.
**농도** 액체나 빛깔 등의 짙은 정도.

## 미세 먼지가 발생하는 원인

미세 먼지는 자연적으로 발생하기도 하고, 사람의 활동 결과로 만들어지기도 한다.

자연적으로 발생한 미세 먼지는 식물의 꽃가루나, 운동장 또는 흙길에서 생기는 흙먼지 등이 있다. 화산이 폭발할 때 나오는 화산재와 화산 가스, 바닷물이 증발하면서 생기는 소금 가루도 미세 먼지에 속한다.

▲화력 발전소에서 내뿜는 매연은 미세 먼지를 많이 발생시킨다.

사람의 활동 결과 만들어지는 미세 먼지는 석탄이나 석유 등 화석 연료를 태울 때 나오는 매연과 자동차의 배기 가스를 들 수 있다. 소각장에서 쓰레기를 태울 때 나오는 연기도 포함된다. 이러한 미세 먼지는 고체나 기체 형태로 배출된다. 기체로 배출된 미세 먼지가 공기 중의 다른 오염 물질과 결합하면 독성이 더욱 강해진다. 예를 들어 자동차 배기 가스에 포함된 이산화질소는 공기 중의 오존과 합쳐질 경우 독성이 강한 미세 먼지로 바뀐다.

우리나라의 미세 먼지는 발생 원인이 여러 가지다. 석탄을 태워 전기를 생산하는 화력 발전소나 공장에서 나오는 매연, 자동차의 배기 가스가 주요 원인이다. 선박에서 배출되는 미세 먼지도 적지 않다. 여기에 중국의 미세 먼지가 바람을 타고 들어와 서남부 지역에 영향을 주기도 한다.

### 이런 뜻이에요

**이산화질소** 자동차 배기 가스에서 많이 나오는 대표적인 대기 오염 물질로, 붉은빛이 도는 갈색의 기체. 특이한 자극성 냄새를 지니고 있다.

**오존** 산소 원자 3개로 이뤄진 푸른빛의 기체. 비릿한 냄새가 나며, 표백제나 살균제 등으로 쓰인다.

## 폐암 일으키고 농작물에도 피해 줘

▲미세 먼지는 사람의 건강을 해칠 뿐만 아니라 농작물의 성장을 방해하고, 가축에게도 질병을 일으킨다.

미세 먼지는 숨을 쉴 때 코나 기관지에서 걸러지지 않고 그대로 폐까지 들어가 몸속에 쌓인다. 미세 먼지가 몸속에 쌓이면 염증을 일으키고, 심하면 암의 원인이 되기도 한다. 피부의 모공을 막아 여드름이나 뾰루지를 나게 하고, 피부염도 발생시킨다. 미세 먼지에는 바이러스 등 병원균이 붙어 있어서 공기에 날려 멀리 퍼지기도 한다.

농작물과 생태계에도 피해를 줄 수 있다. 미세 먼지가 농작물의 잎에 내려앉으면 숨구멍을 막아 양분을 만들지 못하게 방해한다. 따라서 농작물이 제대로 자라지 못해 수확량도 떨어진다. 소나 돼지 등 가축의 호흡기와 눈의 건강에도 해를 끼친다. 미세 먼지가 섞인 산성비는 토양과 물을 오염시킨다. 이렇게 되면 식물의 뿌리가 상해서 말라 죽고, 물고기나 달팽이 등 물속 생물의 생존이 위협을 받는다.

미세 먼지가 심하면 산업 활동에도 피해가 크다. 반도체 등 첨단 제품은 미세 먼지에 노출되면 불량품이 많이 나온다. 자동화 설비의 경우 고장이 나기 쉽다. 미세 먼지가 잔뜩 끼어 하늘이 흐려질 경우 비행기나 여객선의 운항에도 방해가 된다.

**이런 뜻 이에요**
산성비 대기 오염 물질이 대기 중의 수증기와 만나 산성이 강해져 내리는 비.

생각이 쑤욱

**1** 미세 먼지와 황사의 공통점과 차이점을 정리하세요.

|  | 미세 먼지 | 황사 |
|---|---|---|
| 공통점 |  |  |
| 차이점 |  |  |

**2** 우리나라에서 미세 먼지가 특히 겨울에 심해지는 까닭은 무엇인가요?

▲겨울에는 화석 연료로 난방을 한다.

**3** 자연적으로 발생하는 미세 먼지를 아는 대로 들어 보세요.

### 머리에 쏘옥

**미세 먼지가 겨울에 심한 까닭**

미세 먼지는 1년 내내 발생하는 대기 오염 물질입니다. 그런데 미세 먼지의 농도는 계절별로 차이가 있지요.

여름과 가을에는 미세 먼지의 농도가 낮아집니다. 공기가 잘 순환하기 때문이지요. 지표면이 햇볕을 받아 기온이 오르면 공기가 상승하면서 미세 먼지도 공기 중에 흩어집니다. 여름에는 비가 자주 내려 미세 먼지가 빗방울에 딸려 내려와 공기가 깨끗해지지요.

봄과 겨울에는 미세 먼지의 농도가 높아집니다. 봄에는 중국 등에서 황사가 자주 발생해 바람을 타고 들어오지요. 겨울에는 화석 연료를 이용하는 난방이 늘어 다른 계절보다 미세 먼지 배출량이 증가합니다. 게다가 공기의 흐름이 느려지고, 강수량도 줄어 미세 먼지가 심해집니다. 특히 중국에서 북서풍을 타고 우리나라로 들어오는 미세 먼지가 증가합니다.

> 생각이 쏘옥

**4** 우리나라에 피해를 주는 미세 먼지가 어떻게 발생하는지 설명하세요.

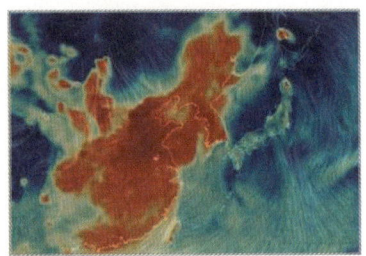

▲우리나라의 미세 먼지 가운데 일부는 중국에서 바람을 타고 온다.

> **머리에 쏘옥**
>
> ### 미세 먼지가 식물에 일으키는 피해
>
> 식물은 미세 먼지가 심한 날이 많을수록 햇빛을 충분히 받지 못하며, 잎의 공기 구멍까지 막혀 양분을 제대로 만들지 못합니다. 따라서 농작물의 경우 열매를 맺지 못하거나 수확량이 감소하지요.
>
> 미세 먼지가 심할 때 내리는 산성비는 식물의 잎에 있는 엽록체를 파괴합니다. 엽록체는 식물이 양분을 만드는 데 중요한 역할을 하지요. 산성비는 식물의 뿌리도 상하게 만듭니다. 그러면 물과 양분을 흡수하지 못해 말라 죽게 됩니다.

**5** 미세 먼지가 농작물 등 식물에 어떻게 해를 끼치는지 이야기해 보세요.

▲소나무의 잎이 산성비를 맞으면 누렇게 변해 죽는다.

**6** 115쪽을 참고해, 미세 먼지를 줄이면 기후 변화에도 대응할 수 있는 까닭을 제시하세요.

▲자동차의 배기 가스는 이산화 탄소 등 온실가스의 발생 원인이 된다.

**7** 미세 먼지가 많은 환경에서 건강을 지킬 수 있는 아이디어를 내 보세요

▲미세 먼지가 심한 날에는 마스크를 착용한 채 외출한다.

### 머리에 쏘옥

**미세 먼지가 많은 환경에서 건강을 지키는 방법**

　미세 먼지는 건강에 해를 끼칩니다. 입자가 매우 작아 코나 기관지에서 걸러지지 않고 몸속으로 들어가기 때문입니다. 따라서 미세 먼지의 농도가 높으면 되도록 외출을 삼갑니다. 외출을 해야 한다면 미세 먼지를 차단할 수 있는 마스크를 착용합니다.

　외출을 마치고 집에 돌아온 뒤에는 옷에 붙은 먼지를 떨어내거나 세탁을 합니다. 그리고 몸을 깨끗하게 씻어 피부에 묻은 미세 먼지를 없앱니다.

　실내의 미세 먼지를 줄이려면 요리할 때 환풍기를 틀어 집안의 공기를 바깥으로 내보냅니다.

　물을 자주 마시고, 미역이나 파래 등 해조류를 많이 먹으면 미세 먼지를 몸 밖으로 배출하는 데 도움이 됩니다.

사회과학

# 15 고인돌을 왜 만들었을까

▲고인돌은 청동기 시대에 만들어졌는데, 지배층의 무덤으로 쓰이거나 종교 의식을 위한 제단으로 사용된 것으로 보인다.

    우리나라는 고인돌 왕국으로 불립니다. 세계적으로 6만 점이 넘게 발견되었는데 우리나라에 3분의 2 이상이 집중되어 있기 때문이죠. 우리나라의 고인돌 유적은 동북아시아 고인돌의 역사가 담겨 있는 귀중한 문화유산입니다. 고인돌의 구조와 종류를 알아보고, 탁자식 고인돌을 만드는 과정과 쓰임새를 공부합니다.

## 고인돌이란 무엇인가

우리나라는 고인돌을 유네스코 세계문화유산으로 보유하고 있다. 고인돌은 지금까지 세계적으로 약 6만 점이 발견되었는데, 4만 점이 한반도에 집중되어 있다. 고조선(기원전 2333~기원전 108)의 옛 영토인 만주까지 합치면 5만 점이 넘는다. 세계 고인돌의 대다수가 과거 우리 민족의 활동 영역에 있는 셈이다.

고인돌은 크고 평평한 바위를 받침돌로 괴어 만든 청동기 시대의 건축물이다. 많은 인력을 부릴 수 있던 지배층의 무덤으로 알려졌다. 고인돌은 대개 무덤방과 받침돌, 덮개돌로 이뤄진다. 무덤방에는 시신과 칼이나 그릇 등이 함께 묻혀 있다. 덮개돌은 무덤방의 지붕 역할을 하고, 받침돌은 덮개돌을 받치는 데 쓰인다.

▲한반도 북쪽에서 발견된 탁자식 고인돌(위 사진)과 중남부에서 발견된 바둑판식 고인돌.

고인돌은 만드는 방식에 따라 탁자식('ㅠ'자형)과 바둑판식, 덮개돌식('一'자형)으로 나뉜다. 탁자식은 2개의 높은 받침돌을 세운 뒤 그 위에 납작한 덮개돌을 얹었다. 무덤방은 받침돌을 양쪽 벽으로 삼고 앞뒤로 막음돌을 놓아 공간을 만들었다. 바둑판식은 땅속에 무덤방을 만들고 4~8개의 받침돌을 낮게 세운 뒤 그 위에 덮개돌을 올렸다. 이에 비해 덮개돌식은 무덤방 위에 바로 덮개돌을 얹었다.

**이런 뜻 이에요**

**유네스코** 교육, 과학, 문화의 보급과 교류를 통해 국가 사이의 협력을 증진하려고 유엔이 만든 국제 기구. 인류가 보존해야 할 문화와 자연 유산을 세계 유산으로 지정해 보호한다.
**고조선** 우리나라 최초의 국가. 청동기 문화를 바탕으로 중국 만주 요령과 한반도 서북 지역을 중심으로 여러 부족을 통합해 세웠다.

# 탁자식 고인돌을 만드는 요령

▲고인돌의 덮개돌을 올리는 모습을 나타낸 모형. 받침돌 높이로 언덕을 쌓은 뒤 통나무를 바퀴 삼아 덮개돌을 얹었다.
<독립기념관 전시물>

고인돌을 세울 때는 돌을 구해 목적지까지 운반해야 했다. 이 과정에서 팽창의 원리나 지렛대, 바퀴, 빗면의 원리 등 여러 가지 과학과 기술이 이용되었다.

고인돌의 건축에 필요한 돌은 주변에서 구하지 못하면 멀리 산이나 강가의 암벽에서 적당한 크기로 떼어 내 사용했다. 암벽에 홈을 깊이 파고 나무 말뚝을 박았다. 그런 뒤 물을 부었는데, 나무 말뚝이 물을 머금고 부피가 팽창하면 돌의 틈새가 벌어져 돌판이 떨어져 나왔다. 바위에서 떼어 낸 돌은 지렛대를 이용해 바닥에 깔린 통나무 위로 올렸다. 그다음 통나무를 바퀴로 삼아 원하는 곳으로 옮겼다. 이렇게 하면 땅바닥으로 돌을 끌어 옮길 때보다 힘을 덜 들일 수 있었다.

돌을 목적지까지 옮긴 뒤에는 받침돌을 세워야 했다. 받침돌을 세울 곳에 구덩이를 미리 파고 그 안에 받침돌을 세운 다음 틈새에 작은 돌을 끼워 단단히 고정했다. 받침돌 작업이 끝나면 받침돌의 높이만큼 흙을 쌓아 언덕을 만들고 덮개돌을 받침돌 위로 끌어 올렸다. 마지막으로 쌓았던 흙을 걷어 내고 시신과 부장품을 넣은 뒤 막음돌로 앞뒤를 막으면 고인돌이 완성되었다.

## 무덤인가 제단인가

고인돌은 발견된 지역에 따라 형태가 다르다. 한반도 북쪽이나 만주에서 발견되는 고인돌은 주로 탁자식('ㅠ'자형)이다. 남쪽에서는 바둑판식이 많이 발견되고, 덮개돌식('一'자형)은 전국에 분포한다.

전문가들은 고인돌의 형태가 다른 까닭을 각 지역의 매장 풍습에서 찾는다. 북쪽보다 따뜻한 남쪽에서는 땅을 파고 시신을 묻었기 때문에 무덤방을 지하에 만들었다. 이에 비해 북쪽에서는 겨울에 언 땅을 파기 어려웠기 때문에, 시신을 처리한 뒤 뼈를 모아 매장했다. 따라서 지상에 무덤방을 만든 탁자식 고인돌에서는 유물이 거의 나오지 않는다.

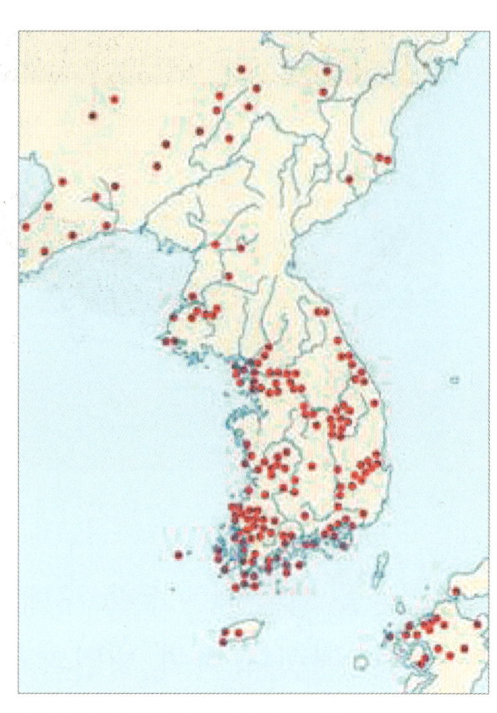
▲한반도와 주변의 고인돌 분포 지역.

고인돌이 종교 의식을 치르는 제단이나 기념물로 쓰였다는 주장도 있다. 사람 뼈가 발견되지 않은 고인돌이 이를 뒷받침한다. 그리고 몇몇 고인돌은 주변의 다른 고인돌보다 크게 만들어 눈에 잘 띄는 높은 곳에 세웠다.

▲별자리가 새겨진 고인돌.

우리나라에서는 덮개돌에 별자리가 새겨진 고인돌이 여럿 발견되었다. 전문가들은 청동기 사람들이 농사를 지으려면 계절의 변화를 알아야 했기 때문에 별자리를 새겨 다음 세대에 천문학 지식을 전해 주었을 것으로 추측한다. 풍년을 기원하는 의미도 들어 있다.

생각이 쏘옥

**1** 아래 제시한 고인돌의 특징을 정리하세요.

| 종류 | 특징 |
|---|---|
| 탁자식 | |
| 바둑판식 | |
| 덮개돌식 | |

**2** 고인돌의 주인이 강력한 권력을 가진 지배자라고 추측하는 까닭은 무엇인가요?

▲전남 화순의 고인돌 채석장. 고인돌을 만들려면 수많은 인력을 동원하는 능력이 있어야 했다.

**3** 지역에 따라 고인돌의 형태가 다른 이유를 설명하세요.

> **머리에 쏘옥**
>
> **고인돌을 왜 지배자들의 무덤이라고 할까**
>
> 고인돌을 만드는 일은 청동기 시대의 건축 기술자들이 모두 한데 모여야 할 수 있을 만큼 큰 공사였습니다.
>
> 전문가들은 어른 한 명이 끌 수 있는 돌의 무게는 120~160kg쯤 된다고 합니다. 따라서 30~40톤(1톤은 1000kg)의 덮개돌을 운반하려면 약 200명의 인력이 필요하고, 200톤짜리는 1400명이 필요하지요. 따라서 이렇게 많은 인력을 부리려면 강력한 힘을 가진 지도자가 아니면 어려울 것입니다.

## 4 탁자식('ㅠ'자형) 고인돌을 만드는 과정에 이용된 과학과 기술의 원리를 정리하세요.

| 만드는 과정 | 이용된 과학과 기술 |
|---|---|
| 돌 마련하기 | |
| 받침돌 세우기 | |
| 덮개돌 올리기 | |

머리에 쏘옥

### 청동기 시대에 고인돌을 만든 까닭

농업이 발달하면서 신석기 시대보다 생산량이 크게 늘었습니다. 따라서 재산이 많은 지배층과 그렇지 못한 피지배층으로 나뉘었지요. 그리고 강한 부족이 전쟁 등을 통해 다른 부족을 통합하는 과정에서 국가가 만들어졌습니다. 이 과정에서 많은 재산과 큰 권력을 가진 지배자들이 나오게 되었죠.

이들 지배자는 자기가 다스리는 공동체에서 자신과 가문의 권력을 아무도 넘볼 수 없게 단단히 해야 했지요. 따라서 자기 힘을 드러내기 위해 많은 사람을 동원해 고인돌을 만들었다고 볼 수 있습니다.

## 5 청동기 사람들은 왜 고인돌을 만들었을까요?

**6** 청동기 사람들이 고인돌에 별자리를 새긴 까닭을 추측해 보세요.

▲북두칠성 모양이 새겨진 황해도 은천군의 고인돌.

**7** 아래의 글을 참고해 문화재를 보호해야 하는 까닭을 설명하고, 고인돌을 보호할 수 있는 아이디어를 내 보세요.

> 청동기 시대의 고인돌이 관리가 허술해 도시 개발 과정에서 훼손되거나 사라지고 있다. 경남 창원시의 화양리 1호 고인돌은 원래의 모습을 짐작하기 어려울 만큼 심각하게 훼손되었다. 덮개돌의 받침돌 하나는 사라졌고, 덮개돌은 다른 곳으로 옮겨져 있었다. 고인돌이 훼손되고 있는데도, 창원시는 고인돌 관리 현황조차 파악하지 못한 것으로 드러났다.
>
> <신문 기사 참조>

▲2017년 훼손되기 전 고인돌(위 사진)과 2019년 개발 과정에서 훼손된 고인돌(아래 사진).

### 💡 머리에 쏘옥

**별자리가 새겨진 고인돌**

평안남도(현재 북한) 증산군에서 발견된 고인돌의 덮개돌에는 글자처럼 생긴 곡선과 점들이 많이 새겨져 있습니다.

학자들이 연구한 결과 80개의 구멍이 별자리임을 확인했습니다. 북극성을 중심으로 큰곰자리, 사냥개자리, 작은곰자리 등 11개의 별자리를 나타냈습니다. 별의 밝기에 따라 밝은 별은 크게, 어두운 별은 작게 그렸답니다.

**문화재를 보호하는 까닭**

문화재는 조상의 지혜와 역사가 담긴 유산입니다. 문화재가 언제 어떻게 왜 만들어졌는지 알면 조상들의 과거 생활 모습도 짐작할 수 있지요.

역사를 공부하는 데도 중요한 자료가 되고, 앞으로 우리 문화를 발전시킬 수 있는 밑거름이 되기도 하지요.

따라서 나라에서 법으로 정해 문화재를 보호하는 것입니다.

# 국보란 무엇인가

▲국보 1호 숭례문. 지난 2008년에 불에 탄 뒤 2013년에 원래의 모습으로 복원되었다.

　국보는 나라의 보물이라는 뜻인데, 문화재 가운데 가치가 커서 특별히 아끼고 보호해야 할 귀중한 문화재를 말합니다. 국보에는 조상의 생활 방식과 지혜, 예술 감각이 담겨 있습니다. 국보의 조건과 지정 방법을 공부하고, 우리나라의 대표적인 국보를 탐구합니다.

## 문화재란 무엇인가

▲보물 1호 흥인문.

문화재를 만든 시기와 지역, 만든 목적을 보면 조상의 생활 모습을 알 수 있고, 역사 공부에도 도움이 된다. 문화재란 조상이 남긴 유산 가운데 문화적으로 가치가 커서 보호해야 하는 유산을 말한다. 문화재는 형태가 있고 없음에 따라 유형 문화재와 무형 문화재로 나뉜다. 유형 문화재는 건축물, 책, 그림, 글씨, 공예품처럼 형태가 있어서 눈으로 볼 수 있다. 무형 문화재는 연극, 음악, 무용, 공예 기술 등처럼 형태가 없어 눈으로 볼 수 없다.

문화재 가운데서도 가치가 있는 것은 법으로 정해 보호하는데, 역사적·예술적으로 가치가 큰 유형 문화재는 국보나 보물로 지정한다. 우리나라에서 중요 문화재를 법으로 지정해 보호하기 시작한 것은 일본에게 나라를 빼앗겼던 일제강점기(1910~45)다. 일본은 1909년부터 1935년까지 우리 문화재를 조사해 153건을 보물로 지정했다. 일본에서 나라를 되찾은 뒤인 1962년에는 문화재보호법이 만들어지면서 유형 문화재 가운데 중요한 것은 보물로 지정했다. 그리고 보물 가운데 더 가치가 크고 희귀한 것은 국보로 지정했다. 우리나라의 국보는 2021년 7월 현재 336호, 보물은 2133호까지 지정되어 있다. 그런데 실제 국보와 보물의 수는 이와 다른데, 국보와 보물 가운데 중간에 손상되어 가치를 잃거나, 더 가치가 뛰어난 문화재가 발견돼 지정 취소된 문화재가 있기 때문이다.

**이런 뜻 이에요**

**문화재보호법** 문화재를 보존하고 활용해 나라의 문화를 발전시키고 인류의 문화에도 도움이 되도록 만든 법률.

## 국보 어떻게 정해지나

국보는 보물 가운데 만들어진 연대가 오래되고 그 시대를 대표하며, 가장 우수하고 특이한 것을 꼽는다. 역사적 인물과 깊은 관련이 있는 문화재를 국보로 삼기도 한다. 문화재로 지정하는 공식적인 규정은 없지만 만들어진 지 최소 50년 이상은 되어야 하고, 국보의 경우 100년은 넘어야 자격이 있다.

▲국보 274호로 지정되었던 귀함별황자총통. 돈을 노린 사람들이 가짜로 만들었기 때문에 국보에서 제외되었다.

국보로 지정을 받으려면 개인 소유 문화재는 주인이 문화재청에 신청하고, 나라에서 발굴한 문화재는 문화재청이 스스로 신청 절차를 밟는다. 문화재청은 국보 지정 신청을 접수하면 전문가들에게 진짜인지, 국보 선정 기준에 맞는지, 보존 상태는 좋은지 등을 심사해서 정한다.

국보로 지정된 문화재는 법에 따라 나라의 보호를 받는다. 국보를 소유한 사람은 관리를 잘 해야 하고, 사고팔 때는 반드시 문화체육관광부의 허락을 받아야 한다. 사회의 이익을 위해 요청이 있을 때는 국보를 공개해야 한다. 국보로 지정된 뒤 가짜로 밝혀지는 등 가치를 잃으면 국보 지정을 취소할 수 있다. 국보 274호인 이순신 장군 함대의 유물인 귀함별황자총통은 1996년 가짜로 밝혀져 국보 지정이 취소되었다.

### 이런 뜻 이에요

**문화재청** 문화재를 잘 보존해서 후손에게 전하고, 이를 잘 활용해 나라를 발전시키기 위해 만든 정부 기관. 문화체육관광부 소속이다.

**문화체육관광부** 국가 전체의 문화, 예술, 체육, 출판에 관련된 업무를 담당하는 기관.

**귀함별황자총통** 임진왜란(1952~98) 때 거북선에 딸린 무기로 판단해 국보로 지정했지만, 가짜로 밝혀져 국보 지정이 취소되었다.

## 국보 어떤 게 있나

▲국립중앙박물관에 있는 국보 180호 세한도(수묵화, 23×69.2㎝). 김정희가 제주도에서 유배 생활을 할 때 의리를 저버리지 않은 제자 이상적에게 그려서 선물했다.

우리나라는 일찍부터 불교가 발달하여 절이나 탑, 불상 등이 많이 남아 있다. 통일신라(676~935)때 경상북도 경주에 세워진 국보 24호 석굴암은 균형이 잘 잡히고 아름다운데, 불교의 힘을 빌려 나라를 지키려고 한 조상의 바람이 잘 나타나 있다.

우리 조상이 학문과 예술을 좋아하고 이를 발전시키기 위해 노력했기 때문에, 귀중한 책과 그림, 글씨, 도자기도 많이 전해 내려오고 있다. 국보 68호인 청자상감운학무늬 매병은 조상들의 뛰어난 도자기 제작 실력을 보여 준다. 조선 시대의 김정희(1786~1856)가 그린 국보 180호 세한도는 선비 정신을 잘 나타내는 그림이다. 옛 신라의 수도인 경주와 백제의 수도인 부여, 조선의 수도인 한양(서울)에는 조상들이 남겨 놓은 훌륭한 건축물도 적지 않다. 신라 시대의 천문대인 국보 31호 첨성대는 동양에서 가장 오래된 천문대로 꼽힌다.

▲청자상감운학무늬 매병(높이 42㎝). 구름과 학이 새겨져 있다.

국보가 망가지면 원래 모습을 되찾기 어려우므로, 망가지지 않도록 관리해야 한다. 그래서 문화재를 망가뜨린 사람에게는 벌을 주고, 문화재가 화재나 지진에 안전하도록 시설을 갖춘다. 문화재를 보호하려면 무엇보다 국민이 지킴이로 나서야 한다.

### 이런 뜻이에요

**통일신라** 신라가 고구려와 백제를 무너뜨리고 삼국을 통일한 시기.
**청자상감운학무늬 매병** 고려 시대인 12세기에 제작된 청자 매병. 매병이란 입이 작고 어깨가 넓으며 몸체가 길쭉한 그릇을 말한다.
**세한도** 조선 후기의 학자인 김정희가 1844년에 그린 그림.
**선비 정신** 인격을 완성하기 위해 끊임없이 학문과 덕성을 키우며, 대의를 위해 목숨까지도 버리는 정신.
**첨성대** 신라 선덕여왕(재위 632~47) 때 경주에 세운 천문대.

생각이 쏘옥

**1** 유형 문화재란 무엇인가요?

▲국보 91호인 '말 탄 사람 토기'.

**2** 국보와 보물의 공통점과 차이점을 들고, 국보와 보물을 각각 3가지 이상 제시하세요.

|  | 국보 | 보물 |
|---|---|---|
| 공통점 |  |  |
| 차이점 |  |  |
| 종류 |  |  |

**3** 국보를 지정할 때 문화재청의 심사위원들이 참고해야 할 점검표를 만드세요.

| 1 | 만들어진 연도가 최소한 100년을 넘었는가? |
|---|---|
| 2 |  |
| 3 |  |
| 4 |  |
| 5 |  |

### 머리에 쏘옥

### 국보와 보물의 차이

문화재 가운데 국보와 보물을 나누는 엄격한 기준은 없습니다. 옛 건축물이나 미술품 또는 공예품 가운데 중요한 문화재를 보물로 지정해 관리하지요. 그리고 그 가운데 특별히 뛰어난 작품을 국보로 지정합니다.

숭례문(남대문)과 흥인문(동대문)이 각각 국보 1호와 보물 1호로 나뉜 점도 같은 이유입니다. 둘 다 조선 초기에 만든 성문이지만, 숭례문이 한양 도성의 정문이라는 상징성 때문에 국보가 된 것이죠.

이 밖에도 신라 시대에 얼음을 보관하던 창고인 석빙고는 보물 66호입니다. 또 '신라의 미소'로 유명한 '경주 얼굴무늬 수막새'가 보물 2010호로 지정되어 있습니다.

▲경주 얼굴무늬 수막새.

> 생각이 쑥쑥

**4** 개인 소유의 국보라도 마음대로 사거나 팔 수 없고, 요청이 있는 경우 일반인에게 공개해야 하는 까닭을 추측해 보세요.

▲국보를 소유한 미술관은 국보를 1년에 두 차례씩 일반인에게 공개해야 한다.

**5** 통일신라 시대 김대성(?~774)이 경상북도 경주의 토함산 동쪽에 지은 석굴암(국보 24호)에 대해 아는 대로 말해 보세요.

▲석굴암은 건축, 수학, 종교, 예술적인 면에서 뛰어난 문화재이기 때문에 1995년 유네스코(UNESCO) 지정 세계문화유산에 올랐다.

> 💡 머리에 쏙쏙

### 국보 소유자의 의무

우리나라의 국보와 보물 3개 가운데 2개는 개인 소유입니다. 국보는 자기 재산이라 해도 국가에서 법으로 보호하는 문화재이기 때문에 자기 마음대로 처분할 수 없습니다.

국보를 국내에서 사고파는 일은 가능하지만, 해외에 팔면 안 됩니다. 국보를 해외에 내보낼 때는 반드시 문화재청장에게 미리 허가를 받아야 합니다. 국보의 소유자가 바뀔 때도 문화재청에 신고해야 합니다. 국보를 일반인에게 공개해 우리 문화재의 우수함을 알리는 일도 의무입니다.

그래서 국보를 관리하고 수리하는 데 들어가는 돈은 나라에서 전부 또는 일부를 지원합니다.

**6** 2008년에 불에 타서 복원한 숭례문을 국보 1호에서 제외해야 한다는 의견을 꺾어 보세요.

▲2008년에 한 노인이 불을 지르는 바람에 모두 타 버린 숭례문.

### 💡 머리에 쏘옥

### 숭례문의 화재와 복원

2008년에 한 노인이 숭례문에 불을 지르는 바람에 돌로 된 부분만 남긴 채 모두 타 버리고 말았습니다. 화재 발생 직후 복원이 시작되었지만, 주요 부분이 모두 불에 탔기 때문에 원래의 모습을 되찾기는 어려웠습니다. 숭례문의 이름이 새겨진 현판도 떼어 내는 과정에서 심하게 손상되었지요.

복원에 쓰일 목재를 말리는 데만 3년 넘게 걸렸기 때문에 5년 3개월의 복원 기간이 걸렸습니다.

숭례문은 복원되었지만, 국보의 가치를 잃었다는 의견과 국보의 상징성은 그대로 남아 있다는 의견이 맞서 있습니다.

**7** 문화재를 보호하려면 국민의 참여가 꼭 필요한 까닭을 설명하고, 국보를 보호할 수 있는 아이디어를 한 가지만 내 보세요.

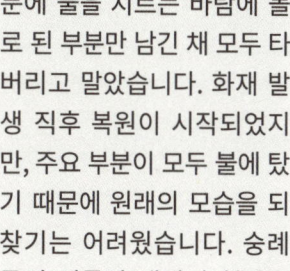

▲드론을 띄우면 건축물이나 불상 등의 문화재를 자세히 살필 수 있다.

# 세계문화유산 석굴암

▲석굴암의 본존불상. 부처가 깨달음을 얻은 순간을 완벽하게 표현했다는 평가를 받는다.

　석굴암은 세계에서 하나밖에 없는 인조 석굴 사원입니다. 신라 시대에 돌을 다듬어 쌓은 뒤, 그 위를 흙으로 덮어 지었지요. 석굴암은 1995년 세계문화유산에 올랐어요. 1200년 넘게 보존이 잘된 데다, 뛰어난 건축술과 높은 예술성을 갖췄기 때문입니다. 석굴암에 담긴 과학의 원리와 석굴암이 세계문화유산에 오른 까닭을 탐구합니다.

# 석굴암을 지은 이유

석굴암은 경북 경주 토함산(745m)의 중턱에 있는 인조 석굴 사원이다. 신라 경덕왕(재위 742~65) 때의 재상 김대성(?~774)이 751년에 공사를 시작해, 혜공왕(재위 765~80) 때인 774년에 완공했다.

석굴암은 불교의 발상지인 인도의 영향을 받았다. 인도는 날씨가 덥고 습도가 높다. 그래서 큰 바위나 암벽에 굴을 뚫고 불상을 놓아 절을 만든 뒤 부처의 가르침을 익혔다. 이러한 관습은 중국을 통해 신라에까지 전해졌다.

신라인은 불교를 국가의 종교로 삼은 뒤 석굴 사원을 만들기를 원했다. 하지만 우리나라의 바위는 대부분 단단한 화강암으로 이뤄졌다. 그래서 굴을 뚫는 대신 화강암을 다듬어 벽과 지붕을 쌓아 올려 굴을 만들고, 그 위를 흙으로 덮어 완성했다.

석굴암은 전실과 주실, 이 둘을 잇는 통로인 비도로 구성된다. 전실은 예배와 공양(음식이나 예물을 바치는 일)을 하는 곳인데 직사각형 모양이다. 주실은 원형으로, 중앙에 본존불인 석가여래 좌상이 놓여 있다. 본존불의 좌우 벽면에는 40개(지금은 2개가 사라져 38개)의 조각상을 주실부터 입구까지 좌우 대칭으로 배치했다.

▲석굴암은 돌을 쌓아 굴을 만든 뒤, 흙으로 덮어 완공했다.

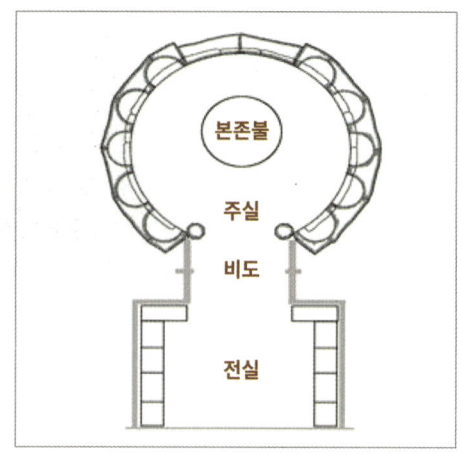
▲석굴암은 전실과 주실, 비도로 이뤄졌다.

### 이런 뜻이에요

**석굴 사원** 바위를 뚫어 굴을 파고 그 안에 불상을 모시거나, 벽면에 불상을 새겨 만든 절.
**재상** 왕을 도와 모든 벼슬아치를 지휘하고 감독하던 벼슬.
**화강암** 지하 깊은 곳에서 마그마가 서서히 굳어진 흰색의 암석. 단단하고 아름다워 건축 재료나 비석을 만들 때 주로 사용된다.
**본존불** 법당에 모신 부처 가운데 가장 으뜸인 부처.
**석가여래 좌상** 불교를 만든 부처가 앉아 있는 형태의 상.

# 석굴암에 이용된 과학 원리

신라인은 석굴암을 지을 때 여러 과학의 원리를 적용했다. 먼저 석굴암을 아치형으로 지었다. 아치형은 윗부분에서 누르는 힘이 수직으로 전달되지 않고 아치의 곡선을 따라 기둥과 땅으로 골고루 분산된다. 그러면 무게가 무거워도 지탱할 수 있다.

▲석굴암의 바닥 아래로 지하수를 흐르게 하여 내부에서 생긴 습기를 없앴다.

석굴암 내부의 습기는 자연의 원리를 이용해 제거했다. 외벽에 자갈을 쌓았는데, 여름에 습기를 머금은 공기가 차가운 자갈층과 만나면 물방울이 맺혀 자갈로 스며든다. 그러면 습기를 잃은 차가운 공기만 내부로 들어간다. 석굴암의 바닥 아래에는 돌을 깔고 그 밑으로 지하수가 흐르게 했다. 바닥에 깔린 돌들은 지하수에 열을 빼앗겨 차가워지는데, 실내에서 생긴 습기가 이들 돌에 물방울로 맺혀 떨어져서 지하수와 함께 밖으로 흐르도록 했다. 따라서 불상에 이슬이 맺히고 곰팡이가 피는 것을 막을 수 있었다.

하지만 일본인들이 일제강점기(1910~45)에 석굴암을 보수한다며 외벽을 시멘트로 바르고, 바닥 아래에 흐르던 지하수도 막았다. 이때부터 벽과 불상에 물기가 배고 곰팡이가 생기기 시작했다. 정부는 해방 이후 본존불을 유리로 막은 뒤 제습기를 이용해 습기를 제거하고 있다.

**이런 뜻이에요**
**아치** 양 끝에 기둥을 세우고 그 위에 돌이나 벽돌 등을 곡선형으로 쌓아 올리는 건축 방법.

## 세계문화유산에 오른 까닭

석굴암은 1995년 유네스코(UNESCO)가 정한 세계문화유산에 올랐다. 석굴암이 세계에서 하나밖에 없는 인조 석굴인 데다, 내부의 본존불과 벽면의 조각상이 대부분 원래의 모습을 유지하고 있기 때문이다.

신라인의 뛰어난 예술성이 잘 나타나 있는 점도 높은 점수를 얻었다. 특히 주실 중앙의 본존불은 세계에서 가장 아름다운 불상이라는 평가를 받았다. 석가모니가 깨달음을 얻었을 때의 표정과 모습을 완벽하게 표현했다고 보기 때문이다. 벽면에 남은 38개의 조각상도 각각 개성이 뚜렷하고, 생동감이 느껴진다.

▲주실의 천장은 360여 개의 돌을 붙여서 둥글게 만들었는데, 건축술이 정교하지 않으면 만들기 어렵다.

신라인의 앞선 건축 기술도 담겨 있다. 주실의 천장은 360여 개의 돌을 붙여 둥글게 했는데, 건축 기술이 정교하지 않으면 만들기 어렵다. 석굴암의 내부는 비례의 원리를 적용해 안정감과 균형감을 느낄 수 있도록 했다. 주실의 반지름(356.4㎝)을 기준으로 너비는 두 배, 길이는 네 배로 설계했다. 본존불은 신도들이 예배를 드리는 전실에서 봤을 때 가장 아름답게 보이도록 했다. 이곳에서 바라보면 본존불의 얼굴과 뒷면에 조각된 광배와 연꽃잎 장식이 완벽하게 대칭을 이룬다.

**이런 뜻 이에요**

**세계문화유산** 유네스코에서 보존할 가치가 있다고 판단하여 지정하는 문화유산.
**광배** 그림이나 조각품에서 인물의 성스러움을 나타내려고 머리나 등 뒤에 빛을 표현한 후광.

생각이 쏘옥

**1** 건축 방법으로 볼 때, 신라의 석굴암과 인도 석굴 사원의 차이는 무엇인가요?

▲큰 바위나 암벽을 뚫어 만든 인도의 석굴 사원.

**머리에 쏘옥**

### 신라 시대에 인조 석굴을 만든 까닭

불교의 석굴은 기원전 2~3세기에 인도에서 시작되었습니다. 4세기쯤에는 중앙아시아를 거쳐 중국으로 전파되었죠. 신라에는 7~8세기에 전해졌는데, 이때 신라는 정치적으로 안정되고 불교 문화가 발달하던 시기였습니다.

인도나 중국에서는 석굴 사원을 만들기가 쉬웠습니다. 화강암보다 무른 석회석과 대리석으로 된 바위가 많았기 때문이죠. 따라서 바위 위에 불상을 직접 조각하거나 굴을 파서 절을 만들었습니다. 하지만 신라의 바위는 단단한 화강암이어서 인도나 중국과 같은 방법으로는 석굴을 만들 수 없었답니다. 그래서 창의성을 발휘해 돌을 쌓고 흙을 덮는 방법으로 석굴을 만들었습니다.

**2** 석굴암의 구조를 정리하세요.

| 구조 | 쓰임새 | 생긴 모양 |
|---|---|---|
| 전실 | | |
| 비도 | | |
| 주실 | | |

**3** 석굴암을 아치형으로 지은 까닭을 말해 보세요.

▲아치형 터널.

> 생각이 쑤욱

**4** 신라 시대에 석굴암 내부의 습기를 제거하는 데 적용한 과학의 원리를 설명하세요.

▲석굴암 외벽에 자갈을 쌓았다.

### 머리에 쏘옥

**석굴암 본존불의 예술적 가치**

석굴암의 본존불인 석가여래 좌상은 화강암을 깎고 다듬어 만들었습니다. 높이가 3.4m에 이르지요.

본존불은 석가모니가 깨달음을 얻었던 순간을 완벽하게 표현한 불상으로 평가를 받는답니다. 깊은 생각에 잠긴 듯 가늘게 뜬 눈과, 엷은 미소가 담긴 입술은 지혜롭고 자비로운 모습을 나타내지요. 옷자락은 자연스럽게 늘어뜨리고 주름을 잡아 사실적으로 표현했습니다.

또 얼굴과 가슴, 어깨, 무릎의 너비를 1:2:3:4의 비율로 만들었어요. 이러한 비율은 사람의 몸을 가장 아름답고 안정감 있게 보이도록 한답니다.

**5** 유네스코가 석굴암의 어떤 예술적 가치를 인정해 세계문화유산에 올렸는지 이야기해 보세요.

▲석굴암 내부의 조각상들은 각각의 개성이 살아 있다.

**6** 석굴암의 내부가 안정되고 균형감 있게 느껴지는 까닭을 말해 보세요.

**7** 139쪽 본문을 참고해 훼손된 문화재를 복원할 때 주의해야 할 점을 제시하세요.

▲일본인들은 석굴암의 건축술에 관한 지식이 없이 보수 공사를 벌였다.

 머리에 쏘옥

### 훼손된 문화재를 복원하는 방법

석굴암은 1909년에 천장이 무너진 채 발견되었어요. 그런데 일본인들이 훼손된 곳을 보수한 뒤부터 원래의 모습을 잃었습니다. 석굴암의 건축 방법을 연구하지 않고 마구잡이로 공사했기 때문입니다.

문화재를 복원하려면 먼저 옛날 기록을 찾아 그 문화재가 만들어진 시기나 과정, 방법을 조사해야 합니다. 남겨진 정보가 없거나 적다면 비슷한 문화재를 참고합니다. 그리고 재료의 성질을 파악한 뒤 복원해야 합니다. 그래야 사라진 부분을 어떤 재료를 써서 어떻게 복원할지 알 수 있습니다.

최근에는 문화재 복원에 디지털 기술을 이용하기도 합니다. 3D 스캐너로 훼손된 부분을 정확하게 파악한 뒤, 3D프린터를 이용해 원래의 모습대로 만들지요.

# 18 발견과 발명

사회과학

▲넘어지지 않는 국자는 주방 일을 편리하게 만든 발명품 가운데 하나다.

 발명품은 생활을 편리하게 만듭니다. 종이와 문자, 연필, 지우개도 발명품이죠. 생활에 쓰이는 물건 가운데 발명품이 아닌 것을 찾기 어려울 정도입니다. 발명은 이미 있는 물건 가운데 불편하거나 부족한 점을 발견하는 데서 시작합니다. 발명과 발견의 차이점을 알아보고, 뛰어난 발명가들이 어떤 능력을 갖추었는지도 탐구합니다.

## 발견과 발명의 차이

불이 없었다면 사람들은 음식도 익혀 먹지 못하고, 추위도 견디기 어려웠을 것이다. 그런데 불을 발견하면서 생활이 무척 편리해졌다. 발견은 이처럼 세상에 있었지만 알려지지 않은 것을 새롭게 찾아내는 일이다.

▲불을 발견한 원시인들은 동굴에서 불을 피워 음식을 익혀 먹거나 추위를 피했다.

그 뒤 사람들은 언제 어디서나 불을 만들 수 있는 도구를 가지고 싶었다. 그래서 성냥을 만들어 냈다. 이처럼 세상에 없던 것을 새롭게 만들어 내는 것이 발명이다.

성냥을 발명하기 전까지 사람들은 돌이나 나뭇가지를 비벼 불을 일으켰다. 하지만 돌이나 나뭇가지는 가지고 다니기에 불편하고, 비가 오는 날에는 불을 붙이기 어려웠다. 성냥은 이러한 불편을 개선하려고 만든 발명품이었다.

발견과 발명은 생활에 편리함을 준다는 점에서 비슷하다. 그러나 발명에는 사람의 노력이 반드시 필요하고, 발견은 우연히 이루어지기도 한다. 불의 발견처럼 발견은 새로운 발명을 이끌기도 한다. 그런데 모든 발견이 새로운 발명을 자극하는 건 아니고, 불처럼 유익한 발견만 그렇다.

▲성냥은 불을 편리하게 얻으려는 여러 과학자들의 노력으로 이뤄진 발명품이다.

발명이 발견을 이끌 때도 있다. 네덜란드의 과학자 레벤후크(1632~1723)는 물건을 확대해 볼 수 있는 현미경을 발명한 뒤, 눈에 보이지 않는 미생물을 처음 발견할 수 있었다.

## 어떤 발명품이 인기를 끄나

독일의 구텐베르크(1397~1468)는 유럽에 인쇄술을 퍼뜨린 발명가다. 그전에도 인쇄술이 있었지만, 글자를 조립해 여러 가지 책을 빠르게 찍어 낼 수 있도록 만든 건 처음이었다. 책을 한 권 펴내는 데 두 달쯤 걸리다 일주일에 수백 권씩 찍을 수 있게 바뀐 것이다. 덕분에 유럽에서는 일반인도 글을 읽고 쓰게 되었다.

▲구텐베르크가 발명한 인쇄술로 책을 찍는 인쇄소.

미국의 발명가 에디슨(1847~1931)은 **백열전구**를 발명했다. 에디슨과 비슷한 시기에 전구를 만든 사람들이 있었지만, 빛이 40시간 이상 지속되지 않아 사용하기에 불편했다. 에디슨의 백열전구가 나오자 해가 저물어도 활동이 가능해 시간을 더 길게 쓰게 되었다.

▲에디슨이 만든 백열전구는 1000시간 이상 빛을 낼 수 있었다.

약 10년 전에는 스마트폰이 발명되었다. 그전에도 있었지만 화면 밑에 키보드가 달려 있고 사용법도 복잡했다. 그러다 미국의 애플이 화면에 손가락만 두드릴 줄 알면 사용이 가능한 스마트폰을 발명하면서 널리 사용되기 시작했다. 애플의 스마트폰이 나오면서 컴퓨터로 하던 일을 언제 어디서나 할 수 있게 되었다.

▲애플이 2007년 만들어 낸 키보드가 없는 스마트폰.

인쇄술이나 백열전구, 스마트폰 모두 비슷한 물건이 만들어진 적이 있었다. 하지만 사용하기 불편해 관심을 끌지 못했다. 이처럼 발명이 성공하려면 누구나 손쉽고 편리하게 쓸 수 있어야 한다.

**이런 뜻이에요**

**백열전구** 전기로 높은 온도의 열을 내서 빛을 내게 만든 전구.

# 발명의 힘은 호기심에서 나와

발명을 잘하려면 호기심이 강해야 한다. 에디슨은 호기심이 강한 탓에 학교에서 쫓겨나기까지 했다. 그는 남들이 당연하게 받아들이는 일에도 궁금증을 품었다. 심지어 거위가 낳은 알을 사람이 품어도 부화할 수 있는지 확인하려고 들었다.

발명은 이처럼 익숙한 물건도 어떻게 만들었고, 사용에 불편은 없는지 등을 스스로에게 묻는 데서 시작된다. 컴퓨터 마우스에 휠을 단 발명가는 클릭만 가능한 마우스는 화면을 움직이기 불편하다고 느껴 휠마우스를 만들었다.

▲발명의 출발점은 호기심이다.

여러 분야에 갖는 관심도 발명에 도움이 된다. 아이폰을 탄생시킨 미국 애플사의 스티브 잡스(1955~2011)는 대학에서 철학을 공부했다. 그런데 컴퓨터에도 관심을 갖고, 만화와 음악도 공부했다. 그의 여러 관심은 컴퓨터를 예술품으로 만드는 데 도움을 주었다.

발명을 잘하려면 실천력도 강해야 한다. 에디슨은 1877년에 축음기를 발명했는데, 축음기는 이미 30년 전 프랑스의 한 기술자가 제안한 생각이었다. 하지만 그 기술자는 발명 계획만 발표하고 실제로는 제품을 만들지 않았다. 이에 비해 에디슨은 실천에 옮겨 발명가로 이름을 날릴 수 있었다. 아무리 좋은 생각도 실천하지 않으면 가치가 없는 것이다.

▲스티브 잡스는 단조로운 컴퓨터 디자인에 미적 감각까지 갖추게 했다.

**이런 뜻 이에요**

**철학** 인간과 세상의 원리와 삶이 무엇인지 등을 연구하는 학문.
**축음기** 소리를 저장해 재생하는 기계.

생각이 쑤욱

**1** 발견과 발명의 공통점과 차이점을 정리하세요.

|  | 발견 | 발명 |
|---|---|---|
| 공통점 | | |
| 차이점 | | |

**2** 원시인들은 자연에서 어떤 현상을 보고 불을 발견할 수 있었을까요?

**3** 발명가가 좋은 생각을 가지고 발명했는데, 나쁘게도 사용되는 발명의 예를 한 가지만 들고, 발명할 때 주의할 점도 말해 보세요.

| 발명가의 처음 생각 | 나쁘게 사용되는 사례 |
|---|---|
| | |
| 발명할 때 주의할 점 ||
| ||

 머리에 쏘옥

### 발명의 두 얼굴

스웨덴의 발명가 알프레드 노벨(1833~96)이 발명한 다이너마이트는 건설업과 광산업에 큰 도움을 주었지요.

나중에 노벨은 전쟁을 멈추게 하려고 다이너마이트의 원리를 이용해 군사용 폭탄을 만들었어요. 폭탄의 위력이 강하니 사람들이 공포심 때문에 더 이상 전쟁을 일으키지 않을 것이라고 생각한 것이죠.

하지만 상황은 노벨의 생각과 반대로 돌아갔어요. 세계 여러 나라에서 폭탄을 사다가 전쟁에서 사람을 죽이는 무기로 사용한 것이죠.

노벨은 그 덕에 돈을 많이 벌 수 있었어요. 그리고 죽으면서 자기 재산을 세계 평화를 위해 힘쓴 사람들에게 상으로 주라고 유언을 남겼지요.

하지만 수많은 생명을 죽인 발명품을 만든 발명가라는 잘못을 씻기에는 부족했답니다.

▲알프레드 노벨

생각이 쏘옥

**4** 147쪽에서 인쇄술과 백열전구, 스마트폰이 발명품으로 성공을 거둘 수 있었던 까닭은 무엇인가요?

▲과거에 만들어진 키보드 달린 스마트폰. 현재의 스마트폰보다 사용이 불편해 사용되지 않는다.

**5** 글에 나온 발명품 외에 사람들의 생활을 편리하게 바꾼 발명품 사례를 한 가지 들고, 그 발명품이 나오기 전과 후를 비교해 보세요.

| 발명품 이름 : | |
|---|---|
| 발명품이 나오기 전 생활 | 발명품이 나온 뒤의 생활 |
| | |

### 머리에 쏘옥

#### 여성을 집안일에서 해방시킨 세탁기

한 경제학자는 인터넷보다 세탁기가 세상을 더 많이 바꾸었다고 말했어요. 세탁기가 발명되자 여성들이 시간이 오래 걸리던 빨래 일에서 벗어날 수 있었기 때문이지요.

세탁기가 나오기 전에 빨래는 여성의 몫이었어요. 그런데 겨울에는 물이 차가워서 동상에 걸리기도 했지요. 옷이 잘 마르지도 않았어요.

다행스럽게도 세탁기가 나오면서 집안일을 하는 시간이 줄어든 만큼 직장도 가질 수 있게 되었습니다.

우리나라에서는 세탁기가 1969년부터 만들어지기 시작해 70~80년대에 널리 퍼졌어요.

지금은 남녀 구분 없이 세탁기가 없으면 생활하기 어려울 정도지요.

▲1969년에 나온 우리나라 최초의 세탁기.

**6** 발명을 잘하는 데 필요한 능력과 그 능력이 필요한 까닭을 정리하세요.

**7** 주변에서 볼 수 있는 물건 가운데 특정 부분 또는 기능을 빼거나 더해 새로운 발명품을 만들고, 어떤 발명품인지 설명하세요(300자).

▲더하기 방법으로 만든 피자 가위. 피자를 쉽게 자르려고 가위에 뒤집개 모양의 받침대를 붙였다.

## 머리에 쏘옥

### 누구나 발명가가 될 수 있다

 발명에 필요한 생각의 방법으로 더하기와 빼기를 들 수 있습니다.

 더하기는 여러 물건이나 기능을 합쳐 새로운 물건 또는 기능을 만들어 내는 방법이죠. 지우개 달린 연필이나 휴대전화와 컴퓨터가 합쳐진 스마트폰 등을 예로 들 수 있어요.

 빼기는 원래 있던 물건에서 특정 부분이나 기능을 제외해 새로운 물건이나 기능을 만들어 내는 방법입니다. 무선 마우스나 설탕을 뺀 주스 등이 있지요.

 발명은 이처럼 원래 있던 물건을 조금 바꾸는 데서 시작하는 경우가 많아요.

 평소 익숙하게 사용하던 물건을 새롭게 보거나, 부족한 점을 생각해 보면 누구나 발명가가 될 수 있답니다.

▲무선 마우스는 마우스에서 선을 뺐다.

# 19  사회과학

# 냉장고가 바꾼 인류의 생활

▲과일과 채소 등 신선 식품과 음료수가 냉장고에 가득 보관되어 있다.

1855년에 영국의 제임스 해리슨(1816~93)이 요즘과 같은 방식의 냉장고를 처음 발명했습니다. 그 뒤 기술이 발전하면서 집집마다 냉장고를 사용하고 있지요. 냉장고에 식품을 보관하면 오래도록 신선하게 유지할 수 있습니다. 덕분에 사람들이 건강하고 생활이 편리해졌습니다. 냉장고의 원리를 공부하고, 냉장고가 생활을 어떻게 바꿔 놓았는지 탐구합니다.

## 옛날에는 석빙고에 얼음 보관

냉장고가 없던 옛날에는 왕이나 신분이 높은 사람들만 여름에 얼음을 먹을 수 있었다. 겨울에 채취한 얼음을 여름까지 보관하기 어려웠기 때문이다.

냉장에 관한 가장 오래된 기록은 중국 전국 시대에 펴낸 『예기』에 나오는 '벌빙지가'다. 겨울에 얼음을 채취

▲조선 시대에 얼음을 채취하던 모습을 재현하고 있다.

해 저장했다가 여름에 사용하는 집을 뜻한다. 서양에서는 높은 산에서 가져온 눈을 뭉쳐 벽 사이에 넣은 뒤 짚이나 흙을 섞어서 열을 차단한 저장고를 만들었다. 저장고에는 포도주 등을 넣어 시원하게 보관했다.

우리나라는 신라 때부터 얼음 창고가 있었다. 조선 시대에 만든 얼음 창고는 석빙고라고 불렀는데, 왕이 직접 관리할 만큼 중요하게 여겼다. 얼음은 여름에 궁궐에서 음식을 만들거나 제사 때 주로 사용했다. 왕은 특별히 아끼는 신하들에게 여름에 얼음을 선물하기도 했다.

▲경남 창녕에 있는 석빙고.

추운 겨울에 꽁꽁 언 강에서 얼음을 잘라 낸 뒤 창고까지 옮기는 일은 고통스러웠다. 그래서 얼음을 채취하는 때가 돌아오면 근처에 사는 백성들이 먼 곳으로 도망가기도 했다. 조선 시대에 만든 석빙고는 지금 경북 경주와 안동, 경남 청도 등의 여섯 곳과 북한의 한 곳이 남아 있다.

### 이런 뜻 이에요

**전국 시대** 기원전 403년부터 진나라가 중국을 통일한 기원전 221년까지의 시기.
**예기** 공자가 만든 유교의 가르침을 적은 책 가운데 하나.

# 인쇄판 닦다 발명

현대와 같은 방식의 냉장고를 처음 발명한 사람은 영국의 인쇄공이었던 제임스 해리슨이다. 그는 신문을 찍는 인쇄판을 다시 쓰기 위해 에테르로 닦아 냈다. 그런데 에테르가 증발하면서 손이 시리고 인쇄판이 차가워졌다. 그

▲제임스 해리슨이 처음 발명한 냉장고.

래서 이 원리를 이용해 냉장고를 발명했다. 하지만 너무 크고 비싸 공장에서만 쓸 수 있었다.

1925년 미국의 제너럴일렉트릭사가 지금과 비슷한 모양의 가정용 냉장고를 선보였다. 이때부터 냉장고는 집집마다 빠르게 퍼져 나갔다. 1939년 냉장실과 냉동실을 구분한 냉장고가 등장했다. 우리나라 최초의 냉장고는 1965년 금성사에서 만든 '눈표냉장고'인데, 1980년대 들어 거의 모든 집에 냉장고가 보급되었다.

▲'냉장고의 아버지' 제임스 해리슨.

냉장고의 내부에는 냉매가 들어간 파이프가 구불구불하게 이어져 있다. 냉매는 원래 기체인데, 응축기를 통해 압력을 가하면 액체로 바뀌면서 열을 낸다. 냉장고의 뒷부분이 뜨거워지는 까닭이 여기에 있다. 액체가 된 냉매가 증발기를 통과하면 다시 기체로 변하면서 주변의 열을 빼앗아 냉장고의 온도가 낮아진다. 이러한 과정이 반복되면서 냉장고의 온도가 일정하게 유지된다.

### 이런 뜻 이에요

**에테르** 용매(어떤 물질을 녹이는 물질)나 마취제로 쓰이는 물질.
**냉매** 물체에서 열을 빼앗아 고온의 물체에 열을 운반해 주는 물질.
**응축기** 온도가 높은 상태에서 압력을 가해 기체를 액체로 바꾸는 기계.
**증발기** 액체가 증발해서 기체가 될 때, 주변에서 열을 흡수해 온도를 급격히 낮추는 장치.

## 냉장고가 일으킨 식생활의 변화

▲냉장고가 발명된 뒤 계절에 관계없이 신선 식품을 먹을 수 있게 되었다.

냉장고가 없을 때는 날씨가 더워지면 식품의 재료나 만들어 놓은 음식이 쉽게 상했다. 이러한 음식을 먹은 뒤 식중독에 걸리는 일도 잦았다. 그런데 냉장고가 나오면서 음식을 오랫동안 신선하게 보관할 수 있게 되었다. 온도가 낮은 곳에서는 미생물과 세균이 활발히 활동하지 못하기 때문이다. 이에 따라 상한 음식을 먹고 아픈 사람이 줄었다. 또 여러 종류의 신선 식품을 섭취할 수 있게 되어 이전보다 건강이 나아졌다.

식품을 사고파는 산업에도 변화가 생겼다. 과거에는 주로 유통 거리가 짧은 집 주변이나 자기 고장에서 나오는 식품을 사 먹었다. 하지만 냉장고가 보급된 뒤에는 국내든 외국이든 유통 거리가 먼 곳에서 생산되는 식품도 구입할 수 있게 되었다. 특히 언제 어디서든 계절에 관계없이 다양한 먹을거리를 맛볼 수 있어 식생활이 크게 개선되었다.

냉장고가 발명되기 전 가정에서는 신선한 음식 재료를 사러 매일 장을 보러 나가야 했다. 지금은 며칠 동안 사용할 식재료를 한꺼번에 산 뒤 냉장고에 보관할 수 있기 때문에 그런 불편함이 사라졌다. 냉장 식품이 많이 나오면서 요리 시간도 단축되었다.

▲멀리서 생산된 신선 식품을 운반하는 냉장차.

### 생각이 쑤욱

**1** 영국의 제임스 해리슨이 냉장고를 발명한 까닭과 계기를 말해 보세요.

**2** 조선 시대 겨울에 한강에서 얼음을 채취해 석빙고까지 운반하는 과정을 추측해 보세요.

▲조선 시대 궁궐에서 쓸 얼음을 보관하던 동빙고와 서빙고. 동빙고는 서울의 성동구 옥수동에, 서빙고는 용산구 서빙고동에 있었다. 지금은 터만 남아 있다.

**3** 냉장고가 개발된 뒤 사람들의 건강에 어떤 변화가 생겼나요?

---

### 💡 머리에 쏘옥

#### 옛날에 석빙고로 얼음을 어떻게 옮겼을까

겨울에 강물이 12cm 이상 두께로 얼면 얼음 채집에 나섭니다. 힘센 남자들이 강의 얼음을 깨고 톱으로 잘라 냅니다. 잘라 낸 얼음은 커다란 꼬챙이를 이용해 끌어올리지요.

얼음은 미끄러지기 쉽기 때문에 지푸라기로 묶습니다. 그 뒤 소달구지에 실어 옮겨서 석빙고에 차곡차곡 쌓아 둡니다. 얼음 옮기기가 끝나면 얼음이 녹지 않게 해 달라고 제사를 지냅니다.

▲강에서 잘라 낸 얼음은 여럿이 힘을 합쳐 달구지에 싣고 석빙고로 옮긴다.

생각이 쑤욱

**4** 냉장고의 원리를 설명하세요.

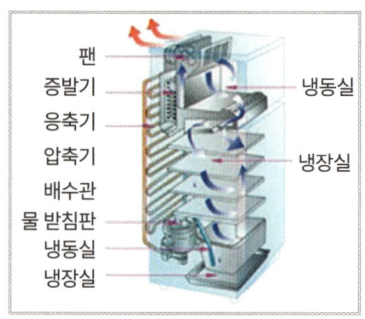

▲냉장고의 원리를 설명한 그림.

**5** 냉장고에 식품을 넣어 두면 밖에 둘 때보다 신선함이 오래 유지되는 까닭은 무엇일까요?

### 머리에 쏘옥

**냉장고에 음식을 보관하면 오래 가는 이유**

보통 미생물과 세균은 온도가 높으면 활발하게 번식합니다. 냉장실 온도는 평균 2~3도 정도로 실온보다 낮기 때문에 미생물이나 세균이 활발히 활동을 못합니다. 그래서 냉장고에 보관한 식품은 바깥에서보다 더 오래 신선함을 유지할 수 있습니다. 온도를 0도 이하로 낮춰 식품을 얼리면 냉장할 때보다 더 오래 보관할 수 있지요.

우유의 경우 세균이 2배로 증가하는 데 걸리는 시간이 섭씨 7도에서는 8시간, 2도에서는 16시간이랍니다.

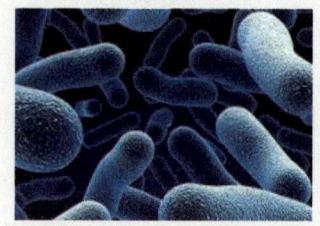

▲낮은 온도에서는 미생물이나 세균의 번식 속도가 느리다.

**6** 뉴질랜드에서 생산한 키위가 우리 집 식탁에 오르기까지의 과정을 구체적으로 이야기해 보세요.

▲뉴질랜드의 한 키위 농장에 키위를 수확하고 있다.

**7** 가정용 냉장고 외에도 김치냉장고나 화장품냉장고처럼 특수 냉장고가 있지요. 내가 제임스 해리슨이라면 어떤 특수 냉장고를 개발하고 싶으며, 왜 그 냉장고가 필요한지도 말해 보세요.

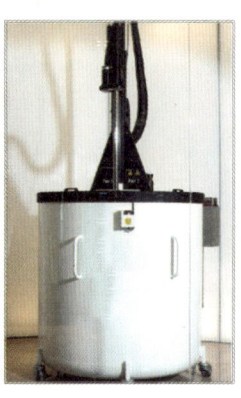

▲사람의 줄기세포를 보관하는 의료용 냉장고.

### 머리에 쏘옥

**냉장고 덕분에 외국에서 생산한 과일도 먹을 수 있어요**

체리는 미국, 키위는 뉴질랜드, 바나나는 주로 필리핀에서 나는 과일입니다. 그런데 우리나라 시장이나 마트에서도 쉽게 살 수 있지요.

외국의 농장에서 과일을 수확하면 대형 냉장 시설을 갖춘 배나 비행기에 실어 우리나라에 수출합니다. 우리나라에 도착하면 다시 냉장 트럭에 실어 마트나 시장으로 운반하지요. 냉장 상태로 운송하기 때문에 과일이 상하지 않는답니다.

**다양한 종류의 냉장고**

냉장고는 음식 보관뿐 아니라 여러 용도로 사용합니다.

병원에서는 온도가 높아지면 약효가 떨어지는 약품이나 검사용 혈액 등을 냉장고에 넣어 둡니다. 연구실에서는 미생물이나 세균을 냉장고에 보관하지요. 또 온도가 올라가면 폭발하거나 기체로 변하는 화학 물질을 보관하는 냉장고도 있습니다.

# 디지털 영상 지도를 만드는 방법

▲국토지리정보원에서 만든 경기도 용인 지역의 디지털 영상 지도.

옛날에는 지도를 만들 때 사람들이 직접 돌아다니면서 땅의 넓이와 모양을 조사하고 측량했습니다. 하지만 지금은 비행기나 인공위성에서 찍은 사진을 바탕으로 디지털 영상 지도를 만듭니다. 따라서 과거의 지도보다 더 정확하며, 알지 못했던 여러 정보를 얻을 수 있지요. 디지털 영상 지도를 만드는 과정과 쓰임새를 공부합니다.

## 인공 지능 기술이 만든 디지털 영상 지도

디지털 영상 지도는 항공기나 인공위성으로 찍은 사진을 이용해 스마트폰이나 컴퓨터 등 전자 기기에서 이용할 수 있도록 만든 지도다. 종이 지도와 달리 실제 모습을 여러 각도에서 살펴볼 수 있으며, 화면에서 확대와 축소가 자유롭다.

▲빅 데이터 분석 기술의 발달로 필요한 정보를 손쉽게 얻을 수 있다.

따라서 지역의 전체 모습 외에도 보고 싶은 장소를 자세하게 볼 수 있다. 모든 정보가 수치로 저장되기 때문에 지도를 고쳐야 할 때 금세 고칠 수도 있다. 하지만 디지털 영상 지도를 이용하려면 스마트폰 등 전자 기기가 필요하고, 인터넷에 연결해야 한다.

디지털 영상 지도에서 여러 가지 정보를 얻을 수 있는 까닭은 빅 데이터 분석 기술과 머신 러닝 기술이 발전했기 때문이다. 디지털 영상 지도를 제공하는 구글의 경우 일반용 컴퓨터 수만 대가 수백 년 동안 분석해야 하는 데이터를 하루만에 처리할 수 있는 빅 데이터 분석 기술이 있다. 머신 러닝 기술은 기존 데이터와 새로운 데이터를 스스로 비교하고 분석해, 데이터에 변화가 생겼을 경우 자동으로 알려 준다. 따라서 그동안 감시하기 어려운 지역에서 일어나는 환경 오염 문제도 관리할 수 있게 되었다.

**이런 뜻 이에요**

**빅 데이터** 디지털 환경에서 만들어지는 수치와, 문자, 영상 데이터를 포함하는 대규모 데이터.
**머신 러닝** 사람의 학습 능력과 같은 기능을 컴퓨터에서 실현하려는 인공 지능 기술.
**구글** 미국의 세계 최대 인터넷 검색 서비스 업체. 디지털 영상 지도 서비스인 '구글 어스'를 만들었다.

# 항공 사진을 이용한 디지털 지도 만들기

디지털 영상 지도를 만들 때 항공 사진을 이용하면 위성 사진을 이용할 때보다 화질이 선명하다. 우리나라의 경우 남한은 항공 사진을, 비무장 지대와 북한은 위성 사진을 이용한다.

항공 사진을 이용해 지도를 만들려면 기준점을 정한 뒤 사진 찍기와 보정, 보안 지역 감추기 등의 과정을 거친다. 기준점은 정확한 위치를 정하는 데 필요하다. 수평적 기준점을 중심으로는 특정 지점의 좌표(경도와 위도)가, 수직적 기준점을 중심으로는 높이가 정해진다.

항공 사진은 2~6km 상공에서 찍는다. 지도를 만들 때는 정사 사진을 이용하는데, 정사 사진은 지표면과 직각을 이루는 수직 방향의 하늘에서 찍은 것이다. 그런데 항공 카메라 렌즈의 중심에서 벗어난 지형과 물체는 높이에 따라 모양이 왜곡되어 나타나므로 보정 작업

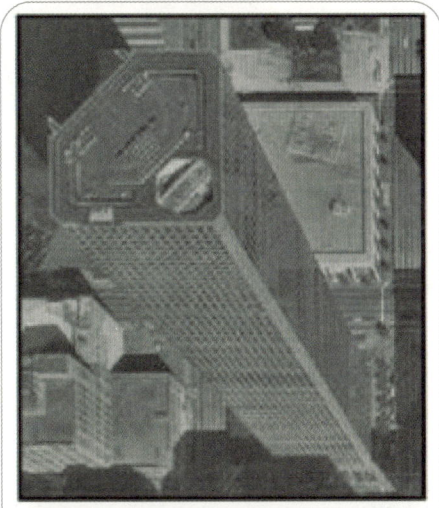

▲원래의 항공 사진(위 사진)을 정사 사진(아래 사진)으로 보정한 모습.

이 필요하다. 보정 단계에서는 컴퓨터 프로그램을 이용해 항공 사진과 지도상 좌표에 나타낼 땅 위의 실제 모습과의 차이를 없앤다. 그리고 평면 사진을 입체화한다. 법적으로 공개하지 못하는 보안 지역의 경우 가려서 공개할 수 있게 바꾼다. 청와대와 군사 지역 등이 이에 해당한다.

## 교통이나 관광 등 다양한 분야에 쓰여

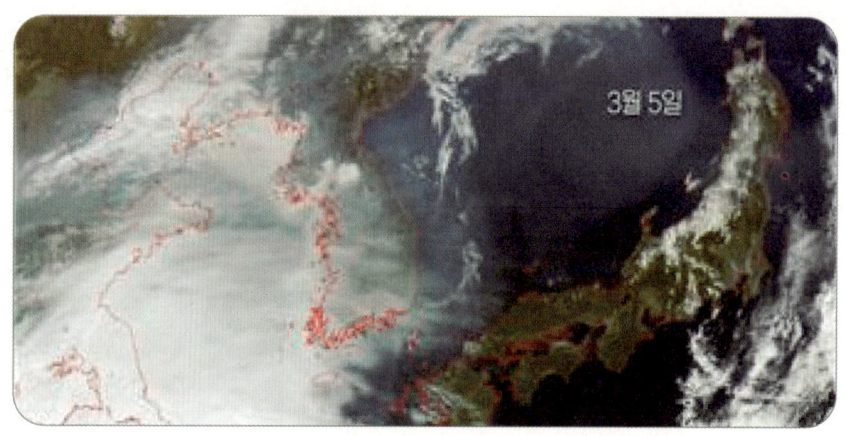
▲중국에서 우리나라로 이동하는 미세 먼지를 보여 주는 디지털 영상 지도.

 디지털 영상 지도는 교통이나 관광 등 공간 정보가 필요한 거의 모든 분야에 활용된다. 디지털로 된 공간 정보는 목적에 따라 다른 정보와 합쳐서 새로운 지도를 만들어 낼 수 있기 때문이다.

 디지털 영상 지도에서는 특정 장소의 위치와 모습을 자세히 들여다 볼 수 있다. 낯선 곳에서 길과 건물을 찾고, 여행 목적지를 미리 탐색해 여행 계획을 세우는 데도 도움이 된다. 도시 개발 계획을 세우고, 철도나 도로를 건설할 곳을 정하는 데도 사용된다. 지진이나 산불 등 재해가 일어난 지역을 쉽게 발견해 인명을 구조할 때도 유용하다.

 날씨를 예보하고, 도시의 대기 오염 수준을 측정해 보여 줄 수도 있다. 미세 먼지 등 오염 물질이 이동하는 경로는 물론 전염병의 발생 지역과 이동 경로를 알아내 예방하는 데도 이용한다. 산불이나 벌목 등 때문에 일어나는 삼림 훼손과 멸종 위기 동물 서식지의 불법 사냥을 감시할 때도 큰 도움이 된다. 불법으로 어업 활동을 하는 배를 가려내고, 고래나 물고기 떼의 이동을 추적하는 데도 쓰인다. 바다에 오염 물질을 함부로 버리는 배도 잡아낼 수 있다.

**이런 뜻이에요**

**공간 정보** 지도에 나타낼 수 있는 지상 또는 지하의 지형과 물체의 위치나 분포에 관한 정보.

### 생각이 쑥

**1** 디지털 영상 지도의 단점을 들어 보세요.

▲디지털 영상 지도는 스마트 기기를 이용해야 정보를 얻을 수 있다.

**2** 디지털 영상 지도의 쓰임새를 정리해 보세요.

▲이탈리아 로마의 유적지 콜로세움을 보여 주는 디지털 영상 지도. 축소나 확대 기능을 이용해 여행지 정보를 자세히 알 수 있다.

**3** 우리나라의 디지털 영상 지도를 만들 때 항공 사진과 위성 사진을 합쳐서 사용하는 이유는 무엇인가요?

### 머리에 쏘옥

**디지털 영상 지도를 이용해 침팬지를 구한 제인 구달**

제인 구달(1934~)은 영국의 침팬지 연구가입니다. 그는 2000년대 초 구글의 영상 지도를 통해 자신이 연구하는 침팬지들의 주요 서식지인 나이지리아 곰베의 숲이 빠르게 사라지고 있음을 알았어요.

그 뒤 곰베에서 나무를 베지 못하게 막는 운동을 하는 지역 주민 단체를 만들었어요. 그리고 구글의 디지털 영상 지도(구글 어스)가 동물 보호에 유익한 도구가 될 수 있음을 알렸습니다. 이에 따라 구글에서는 곰베의 주민 단체에 야생 동물과 벌목 흔적을 기록할 수 있는 장비를 제공했습니다. 결국 10년 만에 곰베의 숲은 원래의 모습을 되찾았답니다.

▲제인 구달

> 생각이 쏘옥

**4** 지도를 만들 때 기준점을 정해야 하는 까닭을 말해 보세요.

 머리에 쏘옥

### 공간 정보와 디지털 분석 기술

디지털 영상 지도는 공간 정보의 구축과 빅 데이터 분석 기술 덕분에 여러 분야에서 활용할 수 있습니다.

국가에서는 공간 정보를 수치(디지털)로 바꾸어 누구나 이용할 수 있도록 했습니다.

빅 데이터 분석 기술이란 디지털 공간에서 수집한 다량의 정보를 분석해 사람들이 원하는 정보를 제공하는 기술을 말합니다.

따라서 공간 정보에 빅 데이터 분석 기술을 적용해 얻은 정보를 합치면, 목적에 맞는 새로운 지도를 만들 수 있습니다.

**5** 디지털 영상 지도 서비스를 가능하게 만든 기술과 디지털 영상 지도가 여러 분야에 응용될 수 있는 까닭을 제시하세요.

**6** 본문에 나온 디지털 영상 지도의 활용 방법 외에 한두 가지만 더 제시하세요.

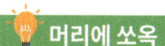
**머리에 쏘옥**

### 우리나라 중요 시설 드러나는 구글의 디지털 영상 지도

우리나라의 경우 남북한으로 나뉘어 군사적으로 대치하고 있지요. 따라서 군사 시설 등 국가의 중요한 시설이 있는 위치가 드러나면 나라의 안전에 위협이 됩니다. 중요한 시설이 공격을 받기 쉽기 때문이지요.

구글은 20년 전부터 군사 시설 등 우리나라의 중요한 시설이 드러난 지도를 계속 제공하고 있습니다. 그래서 우리 정부가 구글에 관련 정보를 제공하지 말라고 줄곧 요청했지만, 말을 듣지 않고 있습니다.

**7** 아래 글에서 구글이 위성 지도를 계속 제공할 경우 일어날 수 있는 문제점을 지적하고, 해결 방법을 제시하세요.

2019년 10월 우리나라 군사 보안 시설의 40%가 구글이 제공하는 위성 지도에 그대로 드러나 있는 것으로 확인됐다. 군사 보안 시설의 위치 등 국가의 중요한 비밀을 누설하는 정보 거래는 금지되어 있다. 하지만 구글의 위성 지도는 군사 보안 시설의 위치를 뚜렷하게 보여 준다.

▲우리나라의 군사 시설이 드러난 구글의 위성 지도(왼쪽)와 보정 작업을 통해 보안을 유지한 네이버의 위성 지도.

초 5~6

# 와작 비문학

1호

예시 답안

# 자연과학

## 1. 태양을 이용해 전기를 생산하는 방법

♣13쪽

### 1. 예시 답안
항성은 스스로 빛을 내는 천체다. 행성은 항성 주위를 규칙적으로 도는 천체 중에 크기가 일정한 정도 이상인 것을 말한다. 행성은 스스로 빛을 내지 못한다.

### 2. 예시 답안

|  | 지구형 | 목성형 |
|---|---|---|
| 행성 이름 | 수성, 금성, 지구, 화성 | 목성, 토성, 천왕성, 해왕성 |
| 특징 | 지구와 크기가 비슷하며 고체로 이뤄져 있다. | 크기가 지구보다 최소 4배 이상 크며 주로 기체로 구성돼 있다. |

### 3. 예시 답안
생명체가 살 수 있으려면 액체 상태의 물이 있어야 하고, 기온도 알맞아야 한다. 행성이 태양과 너무 가까우면 뜨겁고, 너무 멀면 차가워서 생명체가 살기 어렵다. 태양계에서는 지구만 태양과 거리가 적당해 생명체가 살기 좋은 자연 환경을 갖추고 있다.

♣14쪽

### 4. 예시 답안
태양광 발전이 태양열 발전보다 효율이 더 좋기 때문이다. 태양열로 전기를 만들려면 햇빛을 모아서 끓인 물로 증기를 발생시키고, 이 증기를 이용해 발전기를 돌려야 한다. 이와 달리 태양광 발전은 태양전지를 이용해 햇빛을 곧장 전기로 바꿀 수 있다.

### 5. 예시 답안
화석 연료 대신 태양광 발전을 이용하면 전기료를 절약하고 환경도 보호할 수 있기 때문이다. 태양광 발전은 화석 연료와 달리 오염 물질을 배출하지 않는다. 또 태양광 발전기만 갖추면 햇빛을 돈 주고 살 필요도 없다. 게다가 태양광 발전으로 많은 전기를 생산하려면 넓은 땅이 필요하지만, 집집마다 작은 발전기를 설치할 경우 이러한 문제를 해결할 수 있다. 그래서 정부는 각 가정에 태양광 발전기를 설치하도록 지원금을 지급한다.

♣15쪽

### 6. 예시 답안
가로등에 햇빛을 잘 받을 수 있는 위치를 선택해 태양전지를 부착한다. 그러면 태양전지는 낮에 햇빛을 받아 전기를 생산한다. 가로등은 밤에만 켜지기 때문에 낮에는 전기를 사용하지 않고 모아 놓을 수 있다. 낮에 태양전지로 전기를 생산해 모아 놓으면 밤에 이 전기를 이용해 불을 밝힌다. 또 태양전지와 함께 풍력 발전기를 달아서 밤이나 흐린 날에도 풍력으로 전기를 생산하게 한다.

### 7. 예시 답안
태양 에너지를 이용한 발전은 환경 오염과 자원 고갈의 위험이 없다. 화석 연료를 사용하면 지구 온난화를 초래하는 온실가스가 배출된다. 지구 온난화로 기온이 점점 높아지면, 빙하가 녹아 해수면이 상승하고 많은 생물이 멸종한다. 인류가 지구에서 계속 살기도 어려워진다. 게다가 화석 연료는 매장량이 한정돼 있어 100년 안에 고갈될 것이다. 그러나 태양 에너지를 이용한 발전은 온실가스를 배출하지 않기 때문에 지구 온난화를 일으킬 우려가 없다. 또 태양은 앞으로 50억 년 이상 에너지를 내보낼 것이기 때문에 고갈될 걱정도 없다.

## 2. 태풍은 왜 생길까

♣21쪽

### 1. 예시 답안

| 장점 | -더운 지역의 열을 추운 지역으로 옮겨 지구가 적정 온도를 유지하도록 돕는다.<br>-바닷물을 뒤섞어 바다 속에 산소를 공급하고, 바다 생태계를 건강하게 만든다.<br>-여름의 무더위를 식히고, 가뭄도 해결해 준다. |
|---|---|
| 단점 | -건물이 무너지고, 전기나 통신 시설 등이 파괴된다.<br>-강과 하천이 넘쳐 건물이 물에 잠기고, 산사태가 나기도 한다.<br>-사람이 다치거나 죽고, 재산 피해가 크다. |

### 2. 예시 답안
태풍은 열대 바다에서 만들어지는 열대 저기압이다. 여름에 뜨거운 햇볕이 바다 표면의 공기를 달구면, 달아오른 공기는 열을 머금고 수증기가 되어 높이 올라가 구름을 만든다. 그러면 이 지역은 저기압이 되어 주변의 공기가 빠르게 빨려 들어가면서 강한 바람이 일어난다. 여기에 지구가 자전하는 힘이 더해져 소용돌이가 커지면 태풍으로 발전한다. 태풍은 바다를 지나면서 수증기를 공급 받아 많은 비를 품게 된다.

### 3. 예시 답안
우리나라 근처에서 부는 편서풍의 영향 때문이다. 태풍은 시계 반대 방향으로 돌면서 이동한다. 따라서 편서풍이 태풍의 왼쪽에서 부는 바람을 방해해 바람의 속도를 늦춘다. 하지만 오른쪽은 태풍의 속도에 편서풍의 속도가 더해져 바람이 더욱 세지기 때문에 태풍의 피해가 더 크다.

♣22쪽

### 4. 예시 답안
태풍이 불지 않으면 지구에서 생물이 살기 어려울 것이다. 태풍은 위도가 낮은 지역의 열을 위도가 높은 지역으로 옮겨서 에너지가 골고루 퍼지게 돕는다. 그런데 태풍이 불지 않으면 위도가 낮은 지역에서는 태양 에너지가 계속 쌓여 온도가 끝없이 상승하고, 위도가 높은 지역은 더운 지역의 에너지를 받지 못해 점점 더 기온이 내려가 얼어붙게 된다.

### 5. 예시 답안
지구 온난화 때문이다. 기온이 상승해 바닷물의 온도가 높아지면 태풍의 연료가 되는 수증기가 더 많이 발생한다. 기온이 1도 높아지면 공기 중의 수증기의 양은 7~10% 증가한다. 따라서 온난화가 심해질수록 태풍은 거세진다.

♣ 23쪽
6. 예시 답안
　지구 온난화는 태풍의 이동 속도를 늦춘다. 지구의 기온이 오르면 더운 지역과 추운 지역의 온도 차가 줄어든다. 온도 차가 줄면 기압의 차이도 줄어 공기가 천천히 움직여 태풍의 이동 속도도 줄어들게 된다. 따라서 태풍은 천천히 움직이면서 한 지역에 오랫동안 머무른 채 강한 비바람을 뿌린다.

7. 예시 답안
　인도에 사이클론 '암판'이 닥쳐 많은 사람들이 숨지고, 수만 채의 집이 부서졌다. 따라서 태풍 피해를 막으려면 예보를 들으면서 태풍이 도달하는 시간과 이동하는 방향을 확인해야 한다. 산사태가 일어나거나 물에 잠길 수 있는 위험이 있는 지역에서는 미리 대피할 장소와 위험한 상황에서 도움을 청할 곳을 알아둔다. 강풍에 유리창이 흔들리거나 깨지지 않도록 틈새를 단단히 막고, 집과 건물이 물에 잠기지 않도록 하수구나 집 주변의 배수구를 점검한다. 지붕과 간판 등 바람에 날릴 수 있는 물건은 단단히 고정한다. 가스는 미리 차단하고, 전기 시설은 만지지 않는다. 태풍이 부는 시간이 길어질 것에 대비해 물과 비상 식량을 준비하고, 태풍이 닥치면 안전한 곳에 머무른다.

## 3. 사막화 왜 빨라지나

♣ 29쪽
1. 예시 답안
　사막은 1년 동안 내리는 비의 양이 250mm 이하인 지역이다. 땅을 덮고 있는 물질에 따라 모래 사막, 자갈 사막, 암석 사막 등으로 나뉜다. 식물이 살기 어려우며, 전혀 살 수 없는 곳도 있다. 이에 비해 사막화 지역은 사막 주변의 건조 지역이다. 이곳에서는 사람들이 농사를 짓고, 가축을 기르면서 살아왔다. 하지만 환경 파괴와 기후 변화의 영향을 받아 점점 사막으로 변하면서 물 부족과 식량난에 시달리게 되었다.

2. 예시 답안
　사막화는 땅이 건조해지는 일이 반복되면서 이뤄진다. 숲과 나무가 사라져서 맨땅이 드러나면, 태양열의 반사율이 증가해 땅 표면의 기온이 내려가고, 수분 증발이 감소한다. 따라서 구름이 만들어지지 않아 비가 내리지 않게 된다. 그리고 메마른 땅은 비가 내려도 수분을 품지 못해서 금방 마른다. 결국 비나 바람에 흙이 깎여 나가 식물이 자랄 수 없는 사막이 된다.

3. 예시 답안
　숲과 초지가 파괴되면서 사막화는 더욱 빨라졌다. 숲과 초지가 사라지면 공기 중의 이산화탄소가 늘어난다. 식물이 광합성을 할 때 소비하는 이산화탄소의 양이 줄어들기 때문이다. 이산화탄소가 늘어나면 지구 온난화는 더욱 빨라져서 땅은 더욱 건조해져 사막화한다.

♣ 30쪽
4. 예시 답안
　우리나라에서 발생하는 황사는 주로 몽골이나 중국 북부의 고비사막에서 발생한 모래 먼지다. 과거에는 봄철인 3~5월에 자주 일어났다. 하지만 사막화 지역이 빠르게 늘어나면서 계절에 상관없이 발생하며, 횟수도 증가하고 있다. 황사는 여러 가지로 피해를 준다. 황사에 포함된 오염 물질이 눈과 호흡기에 들어가 사람들의 건강을 위협한다. 그리고 농작물에 쌓이면 성장을 막아 농사를 망치게 한다. 하늘이 뿌옇게 변해 항공기 운항에도 영향을 주고, 정밀 기계에 들어가서 고장을 일으키기도 한다.

5. 예시 답안
　아랍에미리트연방(UAE)의 두바이는 사막에 세워진 도시이다. 두바이에서는 해수 담수화 시설을 이용해 물 부족을 극복했다. 해수 담수화 기술은 바닷물에 들어 있는 소금 성분을 제거해 생활용수나 공업용수 등 사람들이 사용할 수 있는 민물로 바꾸는 기술이다. 이 기술을 이용하면 메마른 곳에 물을 공급해 숲을 만들 수 있으므로 사막화를 방지할 수 있다.

♣ 31쪽
6. 예시 답안
　지나치게 많은 가축을 방목하는 것도 사막화의 원인이 된다. 숲과 초지가 사라질 뿐만 아니라, 온실가스인 메테인도 대량으로 배출되어 지구 온난화를 부추기기 때문이다. 그런데 유목민은 돈을 더 벌기 위해 염소 등 가축의 수를 계속 늘리고 있다. 늘어난 염소들은 먹성이 강해서 풀뿌리까지 먹어 치우는 바람에 염소가 지나간 지역은 곧 사막으로 변하게 된다. 따라서 육식을 줄이면 사막화를 막는 데 도움이 된다.

7. 예시 답안
　사막화 방지에 국제 사회가 협력해야 하는 까닭은 사막화가 세계 전체에 영향을 미치기 때문이다. 사막화는 지구 온난화의 영향을 받아 속도가 빨라진다. 기온이 오르면 태풍이 강해지고 가뭄이나 폭설 등 이상 기상 현상이 자주 발생한다. 기후 변화에 적응하지 못하는 동식물은 멸종 위기에 놓이고, 모기 등 해충이 늘어나 전염병 피해도 크다. 국가 사이에 서로 물을 서로 차지하기 위해 갈등을 빚기도 한다. 따라서 사막화는 어느 한 나라만의 문제가 아니므로 세계 여러 나라가 사막화를 방지하기 위해 힘을 모아야 한다. 세계 여러 비영리 단체에서는 아프리카의 케냐 등 물이 부족한 나라에 우물을 파 주고 있다. 이들 지역에 사는 취약 계층이 더러운 물로 인해 감염병에 걸리고, 여성과 어린이들은 물을 구하는 데 많은 시간을 들여야 한다. 물이 있으면 아이들이 교육을 받을 수 있을 뿐 아니라 농사짓기와 가축 기르기가 가능해진다. 따라서 경제적으로 자립할 수 있기 때문에 가정과 마을을 지킬 수 있다.

## 4. 도시 폭염이 생기는 까닭

♣ 37쪽
1. 예시 답안
　지구 온난화 때문이다. 지구 온난화는 온실 효과 때문에 발생하는데, 온실 효과란 우주로 빠져나가야 할 태양 에너지가 대기 중에 갇혀 기온이 오르는 현상이다. 지표면으로 내리쬐는 태양 에너지의 일부는 다시 우주로 달아난다. 이 가운데 일부는 이산화탄소와 메테인 등 온실가스에 붙잡혀 다시 지표로 돌아온다. 이러한 일이 반복되면 지구의 기온이 비정상적으로 상승해 시베리아 등 추운 지역도 더위에 시달리게 된다.

### 2. 예시 답안
에너지 소비가 늘어날수록 온난화를 부추겨서 폭염을 일으키는 원인이 되기 때문이다. 석유와 석탄 등 화석 연료를 이용한 화력 발전소와 자동차에서 배출되는 배기 가스는 온실가스인 이산화탄소의 배출을 늘린다. 이러한 온실가스는 온실 효과를 일으켜 도시뿐 아니라 지구 전체의 온도를 높인다. 전문가들은 이대로 가면 2060년대쯤에는 세계적으로 여름에 35도를 넘는 폭염에 시달릴 것으로 내다보고 있다.

### 3. 예시 답안
도시 열섬 현상 때문이다. 도시의 중심부에서는 주변보다 많은 열이 발생한다. 그런데 고층 빌딩으로 바람의 통로가 막혀 있어 도심에서 발생한 열이 분산되지 못하고 상공에 머무르기 때문에 도심부로 갈수록 기온이 높아진다. 지난 130년간 지구의 평균 기온은 0.85도 올랐지만, 우리나라의 서울과 부산 등 대도시는 1.85도나 상승했다.

♣38쪽
### 4. 예시 답안
폭염에 노출되면 건강에 해롭기 때문이다. 특히 노인이나 어린이 등 더위에 약한 사람들이 폭염에 노출되면 어지럼증과 두통이 생기고 숨을 쉬기가 어려워진다. 돈이 없어 냉방 기기를 사용하지 못하는 사람들과 야외에서 일하는 노동자의 경우 체온을 조절하기가 어려워 열사병에 걸릴 수 있다. 사람이 높은 온도에 노출되면, 뇌에서 체온 조절을 담당하는 기관이 땀을 내서 정상 체온이 유지되도록 한다. 그런데 오랫동안 높은 온도에서 쉬지 않고 활동할 경우 체온을 조절하는 기능이 떨어진다. 이렇게 되면 몸속의 열이 바깥으로 빠져나가지 못해서, 어지럼증과 구토 증상 등이 나타나고, 심하면 목숨을 잃을 수도 있다.

### 5. 예시 답안
도시는 아파트와 사무실에서 사용하는 에어컨 등 냉방 기기를 사용할 때 나오는 열과 자동차에서 내뿜는 열로 농촌보다 온도가 높다. 게다가 도심에 가득한 빌딩과 아파트 등 콘크리트 건물과 도로 포장에 쓰이는 아스팔트는 여름에 내리쬐는 강한 태양열에 달궈져 도시의 온도를 더 높인다. 그런데 도시는 숲이나 공원 등 녹지가 부족하고, 도심의 고층 빌딩은 바깥쪽에서 불어오는 바람의 통로를 막아 열이 흩어지거나 식지 못하게 방해한다. 이러한 일이 반복되면 밤이 되어도 온도가 떨어지지 않는 열대야가 지속된다.

♣39쪽
### 6. 예시 답안
도심의 지표면에서 발생한 미세 먼지는 열에 의해 데워진 공기를 타고 도심 상공으로 올라간다. 그런 뒤 수증기를 모아 비구름을 만드는 응결핵 역할을 한다. 그러면 도심의 좁은 지역에 짧은 시간 동안 많은 비가 내린다. 따라서 도시 폭염이 자주 발생하면 도심 지역에 집중 호우가 자주 내린다.

### 7. 예시 답안
도시의 폭염 일수가 갈수록 늘고 있다. 지구 온난화로 과거보다 기온이 오른 데다, 도시 개발로 녹지가 줄었기 때문이다. 따라서 도시의 기온을 낮추려면 숲이나 공원 등 녹지를 더 많이 만들어야 한다. 건물의 지붕이나 옥상에 나무 또는 잔디를 심어도 된다. 식물은 온실가스인 이산화탄소와 미세 먼지를 흡수하고, 그늘을 만들어 여름 한낮의 기온을 5~10도나 낮춘다. 건물의 지붕이나 바깥벽, 도로에 햇빛을 반사하는 페인트를 칠하는 방법도 있다. 건물을 지을 때 열을 덜 흡수하는 건축 재료를 사용해도 된다. 태양광이나 수소 에너지 등 친환경 에너지를 사용하면, 온실 효과를 줄여서 온난화를 늦출 수 있다.

## 5. 인류는 화성에서 살 수 있을까

♣45쪽
### 1. 예시 답안
인류가 지구에서 이대로 산다면 자원 고갈과 온난화로 인한 기후 변화, 핵전쟁 등 재난이 닥쳐 멸종할 수 있다. 이 밖에 인류의 멸종 원인은, 인공 지능 기술이 크게 발달해 인류를 뛰어넘는 로봇이 나올 경우 기계가 세상을 지배할 수 있다. 외계인들이 자원 확보 차원에서 지구에 침공해 인류를 멸종으로 몰 수도 있다. 6500만 년 전에 그랬듯 소행성 충돌 위험성도 있다.

### 2. 예시 답안
지구 밖 태양계의 다른 행성에서 인류가 생존하려면, 거주 공간이 필요하다. 그리고 숨을 쉬는 데 필요한 산소, 생명 유지에 필요한 물과 식량이 있어야 한다. 열과 동력을 얻을 수 있는 에너지도 필요하며, 대기의 온도와 기압도 지구와 비슷해야 한다.

### 3. 예시 답안
화성은 태양계 행성 가운데 지구와 환경이 가장 비슷해 어느 정도 조건만 갖추면 사람이 생존할 수 있고, 다른 행성보다 거리가 가깝기 때문이다. 1일이 지구와 거의 같은 24시간 37분이다. 자전축도 지구의 기울기(23.5도)와 비슷한 25도가 기울어진 데다, 태양을 돌기 때문에 사계절의 변화가 있다. 액체 상태의 물은 거의 없지만, 땅속 1m 아래에 얼음층이 있어 녹이면 물을 얻을 수 있다. 2015년에는 땅속 50cm 아래서 소금물도 발견되었다. 흙속에 철분이 풍부하므로 철을 이용해 여러 가지 구조물도 만들 수 있다.

♣46쪽
### 4. 예시 답안
약 2.6m(1m÷0.38) : 화성의 중력은 지구의 38%이므로 지구보다 잡아당기는 힘이 그만큼 덜해서 높이뛰기를 약 2.6배 더 뛸 수 있다.

### 5. 예시 답안
화성의 토양에는 철분이 풍부하다. 그런데 철분이 오랫동안 산소에 노출되면 산소와 결합해(녹이 슬어) 붉게 보인다.

172

♣47쪽

6. 예시 답안

식물은 광합성 과정을 거쳐 햇빛과 물, 이산화탄소를 가지고 양분(포도당)과 산소를 스스로 만들 수 있다. 만들어진 산소의 일부는 그 식물이 호흡할 때 사용하고, 나머지는 기공을 통해 밖으로 내보낸다. 그래서 화성의 대기에 많이 포함된 이산화탄소를 이용해 식물을 기르면 산소를 얻을 수 있다.

7. 예시 답안

화성행 로켓에 3D프린터 외에 여러 번 접어 부피를 줄인 돔 형태의 포장과 작은 태양광 전지판을 싣고 간다. 화성에서 태양광 전지판을 설치한 뒤 태양광 발전을 통해 전기를 얻어 3D 프린터를 가동한다. 그 다음 화성의 토양에 풍부하게 있는 철을 채취해 그것을 원료로 대형 3D프린터를 만든다. 돔 형태의 포장에 공기를 넣어 부풀려 세우고, 대형 3D프린터를 이용해 철제 구조물을 만들어 돔 형태의 건축물을 고정한다. 그 다음 지하의 얼음층에서 끌어올린 물을 두 벽 사이의 틈새로 흘려보내 얼음벽을 만들어 주거 공간을 완성한다.

## 6. 단풍이 드는 원리

♣53쪽

1. 예시 답안

단풍은 사계절이 뚜렷한 곳에서만 들기 때문이다. 여름에는 광합성을 하기 위해 초록색 잎을 무성하게 틔우지만 추운 겨울에는 광합성을 하기 어려워 잎을 떨군다. 그러나 1년 내내 더운 열대 지방에서는 항상 광합성을 할 수 있기 때문에 잎을 떨구지 않고, 단풍도 들지 않는다.

2. 예시 답안

|  | 더운 지방 | 추운 지방 |
|---|---|---|
| 나뭇잎 모양 | 넓적하다. | 바늘 모양으로 뾰족하다. |
| 모양이 다른 까닭 | 1년 내내 햇빛이 많이 내리쬐므로 항상 광합성을 할 수 있기 때문이다. | 햇빛이 적고 온도가 낮으므로 잎이 작아야 살아남기 유리하기 때문이다. |

3. 예시 답안

여름철 나뭇잎이 초록색인 이유는 초록 색소인 엽록소가 많기 때문이다. 엽록소는 광합성에 필수적인 햇빛의 흡수를 돕는다. 여름에 나뭇잎이 초록색을 띠지 않는다면 엽록소가 부족한 것이고, 엽록소가 부족하면 햇빛을 흡수하지 못해 영양분을 충분히 생산할 수 없다. 여름에 영양분을 많이 만들지 못한 나무는 겨울을 나지 못하고 말라죽는다.

♣54쪽

4. 예시 답안

잎은 여름에 광합성을 해서 영양분을 생산하는 역할을 한다. 그러나 겨울에는 광합성을 하기 어렵기 때문에 잎이 필요 없어진다. 나무는 필요 없는 잎을 떨구고, 비축해 둔 영양분으로 지탱하며 봄을 기다린다. 잎이 남은 채 겨울을 나면 수분과 영양분이 잎으로 빠져나가는 동안 얼어 죽는다.

5. 예시 답안

|  | 나무 | 다람쥐 |
|---|---|---|
| 준비 활동 | 여름에 겨울을 날 수 있는 영양분을 부지런히 생산해 비축한다. 가을에는 영양분 손실을 줄이기 위해 잎을 떨군다. | 가을에 겨울잠을 잘 수 있는 아늑한 땅굴을 찾고, 나뭇잎과 나뭇가지를 모아 땅굴을 따뜻하게 만든다. 가을 내내 먹이를 땅굴에 가득 모아 놓는다. |
| 공통점 | 겨울에는 먹이를 얻을 수 없으므로, 겨울을 날 수 있는 먹이를 여름이나 가을에 모아 둔다. | |

♣55쪽

6. 예시 답안

나무마다 나뭇잎의 색소가 다르기 때문이다. 붉은 색소가 풍부한 단풍나무 잎은 빨갛게 물들고, 붉은 색소가 없는 은행나무 잎은 노랗게 물든다. 또 같은 나무라도 햇빛을 얼마나 받았는지, 일교차가 얼마나 컸는지 등 주변 환경에 따라 단풍 색이 달라진다.

7. 예시 답안

모든 나무는 저마다 다른 색으로 단풍이 든다. 같은 나무라도 나뭇잎마다 단풍 색이 조금씩 다르다. 이처럼 단풍의 색이 다른 것은 타고난 색소가 다르기 때문이지 나무가 잘났거나 못나서가 아니다. 사람도 마찬가지다. 사람의 피부색이 저마다 다른 까닭은 타고난 색소가 달라서 그렇다. 피부색은 사람의 능력이나 성격과 무관하다. 서로 다른 색깔의 단풍이 어우러질 때 더 아름답게 보이듯, 서로 다른 피부색을 지닌 사람들이 화합할 때 인간 세상도 더 아름다워질 수 있다. 따라서 타고난 색깔이 조금 다르다고 해서 남을 놀린다면 옳지 못한 행동이다.

## 7. 천적을 이용한 농사법

♣61쪽

1. 예시 답안

생태계의 균형이 깨져 특정 동물이 크게 번성하거나 환경이 황폐화되는 등의 문제가 일어난다.

2. 예시 답안

|  | 특징 | 예 |
|---|---|---|
| 포식자 | 다른 동물을 잡아먹는다. | 사슴을 잡아먹는 늑대, 진딧물을 먹고 사는 무당벌레 |
| 포식 기생자 | 다른 동물 몸의 표면에 붙어살거나 몸속에서 살면서 영양분을 빼앗아 먹어 죽게 만든다. | 나비의 애벌레에 붙어살며 애벌레를 먹고 사는 기생파리 |
| 기생자 | 다른 동물의 몸에 붙어살거나 몸속에서 사는데, 그 동물을 죽게 하지는 않는다. | 사람의 몸에 기생하는 벼룩이나 회충 |

| 병원체 | 생물에게 질병을 일으키게 하는 미생물이다. | 바이러스, 곰팡이 |

**3. 예시 답안**

　농약 대신 천적을 이용하면 사람의 건강과 환경에 주는 피해를 막을 수 있다. 농약은 해충뿐 아니라 다른 동식물에도 해를 입히기 때문에 생태계를 파괴한다. 사람의 건강에도 악영향을 끼친다.

♣62쪽
**4. 예시 답안**

　유익한 곤충과 해충을 가리지 않고 죽이는 살충제나 농약 사용을 줄여야 한다. 천적이 활발하게 활동할 수 있는 환경을 만들어 준다. 영양분을 공급한다. 천적이 번식하거나 숨을 수 있는 장소를 제공한다. 농작물을 수확하고 난 뒤 농지의 해충을 없앤다고 불을 지르는 일도 하지 말아야 한다.

**5. 예시 답안**

　벼멸구를 없애려고 농약을 많이 치면 벼멸구의 천적인 거미까지 죽어 버리기 때문이다.

♣63쪽
**6. 예시 답안**

　진딧물이라는 해충이 파프리카 잎 뒷면에 붙어 자라면 양분을 흡수해 파프리카의 품질을 떨어뜨린다. 이때 진디벌을 파프리카에 살포하면 진딧물을 잡아먹어 농약을 칠 필요가 없다.

**7. 예시 답안**

　한우를 키우는 농가에서는 파리의 천적인 배노랑파리금좀벌을 풀어서 한우에 피해를 주는 파리를 없앤다/쏘가리를 호수에 풀어 우리나라 토종 물고기를 잡아먹으며 생태계를 어지럽히는 배스를 없앤다 등.

## 8. 배양육이 환경 오염 줄일 수 있을까

♣69쪽
**1 예시 답안**

　배양육은 가축을 기르지 않고, 공장이나 실험실 등의 배양 시설에서 동물의 세포를 길러 만든 고기이다.

**2. 예시 답안**

　배양육을 생산할 때는 가축을 기르는 과정에서 나오는 메테인과 배설물이 배출되지 않아 지구 온난화나 환경 오염 걱정을 덜 수 있다/전염병을 예방하기 위해 사용하는 항생제 등 화학 약품을 쓰지 않으므로 안전하고 깨끗한 고기를 얻을 수 있다/가축을 공장식으로 좁은 공간에서 많이 기르거나 도살을 하지 않아도 되기 때문에 동물 학대 논란이 사라진다/가축의 사료를 재배하는 농지에 사람이 먹을 수 있는 식량을 재배할 수 있다 등.

**3. 예시 답안**

| 1단계 | 살아 있는 동물의 근육에서 세포를 떼어 낸다. |
| --- | --- |
| 2단계 | 떼어 낸 세포를 배양액이 들어 있는 용기에 넣고 기계 안에서 2~3주쯤 키운다. |
| 3단계 | 가축의 고기와 비슷한 맛과 향을 내기 위해 지방이나 고기 향을 내는 성분을 첨가한다. |

♣70쪽
**4. 예시 답안**

　배양육은 가축을 길러 얻는 고기와 달리 지구 온난화와 환경 오염 문제를 줄일 수 있기 때문이다. 축산업에서 배출하는 온실가스의 양은 지구 전체 온실가스 배출량의 15%에 달해 지구 온난화의 주범으로 꼽힌다. 하지만 가축을 기르는 대신 배양육을 생산하면 온실가스 배출을 줄일 수 있다. 가축의 배설물도 나오지 않아 환경 오염을 개선할 수 있다.

**5. 예시 답안**

　소가 내뿜는 메테인과 배양육을 생산할 때 나오는 이산화탄소가 일으키는 온실 효과가 비슷하기 때문이다. 메테인은 이산화탄소보다 온실 효과가 21배 크다. 하지만 공기 중에 방출된 뒤 12년이 지나면 사라진다. 이에 비해 이산화탄소는 메테인보다 지구 온난화를 일으키는 정도는 약하지만, 1000년 이상 사라지지 않고 공기 중에 계속 쌓이게 된다. 따라서 배양육 생산은 메테인을 줄이는 대신에 이산화탄소를 배출하기 때문에, 지구 온난화를 줄일 수 있다는 주장은 옳지 않다.

♣71쪽
**6. 예시 답안**

　배양육은 값이 비싼 데다 인공적으로 생산되기 때문에 부정적인 인식이 커서 아직 판매되지 않고 있다. 배양육의 값이 비싼 이유는 세포를 기르는 데 필요한 배양액의 값이 비싸기 때문이다. 배양액은 임신한 소에게서 얻는데, 그 양이 충분하지 않다. 따라서 값이 싼 배양액을 개발해 생산비를 낮춰야 한다. 그리고 소비자들에게 배양육이 건강에 도움이 되고, 환경 오염을 줄일 수 있음을 알려 거부감을 줄이는 일도 중요하다.

**7. 예시 답안**

　우리나라는 가축 사육으로 인한 부작용을 줄이고, 식량 부족에 대비하기 위해 배양육 생산 기술을 발전시켜야 한다. 우리나라는 국토가 좁은 데다 인구 밀도가 높아 축산 농가들이 좁은 공간에서 많은 가축을 기르고 있다. 따라서 아프리카돼지열병이나 조류인플루엔자(AI) 등 감염병이 돌면 가축이 떼죽음하고, 환경에도 큰 피해를 준다. 사람들에게 감염될 위험도 크다. 또 세계 인구가 늘어나 식량이 부족해지면 우리나라에서 수입할 수 있는 곡류와 육류가 줄어들어 식량 부족 상황에 놓일 수 있다.

## 9. 꿀벌이 멸종하면 인류도 멸망할까

♣77쪽
**1.예시 답안**

꿀벌이 사라지면 사람들도 식량이 부족해져 어려움을 겪는다. 과일과 곡물, 채소 등 지구상의 모든 농작물 가운데 3분의 1은 꿀벌이 꽃가루받이를 해야 씨를 만들고 열매를 맺어 자손을 퍼뜨리기 때문이다.

### 2. 예시 답안
꿀벌이 식물의 꽃가루받이를 가장 효과적으로 할 수 있는 곤충이기 때문이다. 꽃가루받이는 나비나 새, 박쥐 또는 바람이나 비에 의해 이뤄지기도 하지만 꿀벌만큼 효과적으로 돕지는 못한다. 그래서 꿀벌이 사라지면, 생태계가 파괴되고 마침내 인류에게까지 위협이 된다.

### 3. 예시 답안
-나비와 꽃도 공생 관계이다. 나비는 꽃의 꿀을 먹고, 꽃은 나비의 도움을 받아 꽃가루를 다른 꽃에 옮겨 번식할 수 있다.
-악어새와 악어도 공생 관계이다. 악어새는 악어의 몸과 입 안의 기생충을 잡아먹는다. 악어새는 먹이를 얻을 뿐만 아니라 천적에게서 보호를 받고, 악어는 몸에 있는 기생충을 없앨 수 있다.
-말미잘과 집게(게의 한 종류)도 공생 관계이다. 집게는 자신의 고둥껍데기(집)에 말미잘을 싣고 다닌다. 말미잘은 독침을 쏘는 촉수를 가지고 있다. 그래서 집게는 말미잘 덕분에 천적을 막을 수 있고, 말미잘은 집게 덕분에 옮겨 다닐 수 있다.
-말미잘과 흰동가리(붉은색 몸에 흰색 줄이 있는 바닷물고기의 한 종류)도 공생 관계이다. 말미잘은 독침을 쏘는 촉수로 흰동가리를 보호하고, 흰동가리는 말미잘이 내뱉은 음식물 찌꺼기를 말끔하게 치워 준다.

♣78쪽
### 4. 예시 답안
지구 온난화로 꿀벌 서식지의 기온이 올랐지만, 꿀벌에게는 다른 곳으로 이동할 수 있는 능력이 없기 때문이다/대기오염이 심해져 꽃향기가 약해지는 바람에 꿀벌이 꽃을 발견하지 못하기 때문이다/휴대전화 등 여러 전자 제품에서 나오는 전자기파가 꿀벌의 방향 감지 능력을 떨어뜨려 집을 찾지 못하게 만들기 때문이다/넓은 지역에 한 가지 작물만 심어 꿀벌이 영양 결핍으로 건강에 문제가 생기기 때문이다/농작물에 뿌려진 농약에 중독되어 집이나 꽃을 찾는 능력이 떨어지기 때문이다/진드기와 기생충에 감염되어 꿀벌이 날지 못하고 여왕벌이 알을 낳지 못하기 때문이다 등.

### 5. 예시 답안
사람들에게 휴대전화는 없어서는 안 될 필수품이 되었다. 하지만 전자기파에서 꿀벌을 지키기 위한 노력을 해야 한다. 되도록 꿀벌이 사는 벌통 주변이나 먹이 가까이에서는 휴대전화 사용을 줄여야 한다. 휴대전화에서 전자기파를 적게 나오도록 하는 기술도 개발한다. 그리고 전자기파가 나와도 꿀벌에게 피해를 주지 않는 기술을 개발한다.

♣79쪽
### 6. 예시 답안
로봇벌을 이용해 꽃가루받이를 하면 부족한 꿀벌을 대체하고 사람의 일손을 대신할 수 있다. 특히 꽃가루받이는 꽃이 피어 있는 짧은 시간 안에 이뤄져야 하는데, 로봇벌은 쉬지 않고 꽃가루받이를 할 수 있어 시간이 절약된다. 게다가 날씨에 상관없이 꽃가루받이를 할 수 있다. 프로그램에 의해 정밀하게 조정이 가능하다는 장점도 있다. 질병에 걸려 죽지 않는 것도 로봇벌의 장점이다.

### 7. 예시 답안
줄어드는 꿀벌의 수를 늘리기 위해 시작된 도시 양봉은 지역 주민에게 도움을 준다. 벌을 기르는 사람들은 꿀을 팔아 소득을 올릴 수 있다. 저소득층에게 일자리를 마련해 줘 경제적으로 자립할 수 있도록 한다. 주민들은 안전한 꿀을 먹을 수 있다. 도시 어린이들은 가까이에서 양봉 체험을 할 수 있으므로 자연 생태에 관한 공부를 할 수 있다. 도시에서 벌을 기르면 도시 환경도 개선된다. 꿀벌을 키우기 위해 도시에 숲을 만들고 거리에 꽃을 심다 보면 도시 환경이 좋아진다. 벌을 따라 다른 곤충과 새들도 모여들기 때문에 새로운 자연 생태계가 만들어진다.

## 10. 감염병의 숙주가 된 박쥐

♣85쪽
### 1. 예시 답안
인수공통감염병에는 조류인플루엔자(AI)와 브루셀라증 등이 있다. AI는 닭이나 오리, 야생 조류 등에서 기생하는 인플루엔자 바이러스가 배설물을 통해 사람에게 옮겨진다. 브루셀라증은 소나 돼지 등 가축이 옮기는 브루셀라균에 감염되어 발생하는 질병이다. 균에 감염된 동물의 배설물이나 우유 등을 통해 사람에게 전파된다.

### 2. 예시 답안
박쥐가 1억 년 이상 지구에서 살면서 수많은 바이러스에 노출된 데다가, 동굴에서 집단 생활을 하면서 바이러스를 주고받기 때문이다. 멕시코자유꼬리박쥐의 경우 한곳에서 약 100만 마리가 무리를 지어 산다.

### 3. 예시 답안
인구가 증가하면서 도시와 도로 등을 건설하는 과정에서 박쥐들이 살던 숲까지 개발해 박쥐와의 접촉이 늘었기 때문이다. 야생 동물을 식용으로 삼는 점도 문제다. 코로나19 감염병이 시작된 중국 후베이성의 우한 지역 시장에서는 여러 종류의 야생 동물을 사고판 것으로 드러났다. 교통 발달의 영향도 크다. 숲속의 깊은 곳까지 도로가 뚫리고, 자동차와 비행기 등 교통 시설이 발달하면서 바이러스의 전파 속도도 빨라졌다.

♣86쪽
### 4. 예시 답안
박쥐가 바이러스와 함께 살 수 있는 특이한 면역 체계를 가졌기 때문이다. 젖먹이동물은 대개 바이러스에 감염되면 면역 물질을 강하게 분비해 바이러스를 막아 낸다. 이때 면역력이 약해 바이러스가 불어나는 것을 막지 못하면 병에 걸린다. 하지만 박쥐는 바이러스에 감염되기 전부터 일정한 수준의 면역 물질을 내보낸다. 따라서 바이러스가 들어와도 그 수를 조절해 바이러스와 함께 살 수 있다. 그리고 박쥐는 하늘을 날 때 몸의 온도가 섭씨 40도까지 오른다. 이 때문에 열에 약한 바이러스가 힘을 잃어서 병에 걸리지 않는다.

5. 예시 답안

　박쥐에게 물리거나 박쥐가 먹다 남긴 과일을 먹으면 바이러스가 사람에게 전파된다. 박쥐의 바이러스에 감염된 동물을 통해 전파되기도 한다. 또 박쥐의 바이러스는 박쥐의 몸이나 배설물을 만질 경우 손에 묻은 바이러스가 코나 입을 통해 사람에게 전파된다. 사람들이 박쥐를 먹거나 잡아서 시장에 내다 파는 과정에서도 바이러스가 사람에게 전파될 수 있다.

♣87쪽

6. 예시 답안

　과학자들은 바이러스를 품고 사는 박쥐를 지구상에서 사라져서는 안 될 동물로 꼽는다. 사람과 자연에 주는 이익이 크기 때문이다. 박쥐는 식물의 꽃가루받이를 도와 씨앗과 열매를 맺게 한다. 바나나와 망고 등 열대 과일의 대다수는 박쥐 덕분에 열매를 맺는다. 그리고 식물의 씨앗을 퍼뜨려 숲을 울창하게 한다. 모기나 나방 등 해충과 벼농사를 망치는 벌레도 잡아먹어 살충제 사용도 줄여 준다. 따라서 박쥐가 감염병을 일으킨다는 이유로 멸종시킬 경우 곤충이 지나치게 늘고, 박쥐를 먹잇감으로 삼는 독수리나 족제비 등의 먹이는 줄어 생태계의 균형이 무너질 수 있다. 그리고 사람들은 과일 농사짓기가 어려워지고, 해충으로 인한 피해도 늘어날 것이다.

7. 예시 답안

　최근 박쥐가 옮기는 감염병이 늘면서 사람들의 걱정이 크다. 박쥐가 옮기는 감염병을 줄이려면 정부에서는 박쥐의 서식지를 조사해 보호하고, 무분별한 숲 개발도 막아야 한다. 감염병이 돌면 널리 퍼지지 않도록 방역에도 힘써야 한다. 외국에서 우리나라에 들어오는 사람들의 관리도 촘촘하게 해야 한다. 기업은 감염병을 예방하는 백신과 치료제를 빨리 개발해야 한다. 개인은 박쥐 서식지 근처에 접근하지 말고, 박쥐를 먹거나 만지지 말아야 한다. 개인 위생도 신경을 써야 한다. 외출했을 때는 흐르는 물에 손을 자주 깨끗이 씻고, 사람이 많이 모인 곳에는 되도록 가지 말아야 한다. 규칙적으로 운동을 해서 면역력을 높이는 일도 중요하다.

# 사회과학

## 11. 여성 참정권의 역사

♣93쪽

1. 예시 답안

| 직접 참여하는 권리 | -국민투표에 참여해 중요한 나랏일을 결정할 권리.<br>-국민투표를 통해 대통령이나 국회의원 등 잘못을 저지른 대표자를 그만두게 하는 권리.<br>-일정한 숫자 이상의 국민이 법안을 제출할 수 있는 권리. |
|---|---|
| 간접 참여하는 권리 | 대표자를 뽑는 선거권. |

2. 예시 답안

　모든 나랏일을 국민의 뜻에 따라 결정할 수는 없다. 나라가 넓고 국민이 많아 모든 국민이 한자리에 모이기 어렵기 때문이다. 나랏일이 너무 많고 복잡해 국민의 뜻을 일일이 물어보기도 어렵다. 그래서 국민이 선거로 뽑은 대표자에게 나랏일을 맡긴다.

3. 예시 답안

　합리적으로 생각하는 힘이 부족하기 때문이다. 국민이 선거권을 행사하려면 합리적으로 생각하는 힘이 있어야 한다. 그래야 중요한 나랏일을 이해할 수 있고, 여러 정당이 내세우는 정책이나 후보자의 됨됨이를 정확하게 평가할 수 있다. 지금 우리나라는 만 19세가 되어야 합리적으로 생각하는 힘을 갖출 수 있다고 인정해 선거권을 주고 있다.

♣94쪽

4. 예시 답안

　영국의 여성 운동가들은 19세기 말부터 단식 투쟁과 집회, 거리 시위 등 여러 방법으로 참정권을 요구하는 운동을 펼쳤다. 1913년에는 한 여성 운동가가 참정권을 요구하며 경마장의 말 앞으로 뛰어들었다가 말발굽에 밟혀 숨지기도 했다. 이 사건이 일어난 뒤 여성 참정권 보장 운동이 많은 사람의 지지를 받았다.

5. 예시 답안

　여성은 집안일만 해야 한다는 생각과 여성의 지적 능력이 떨어진다는 생각 때문이었다.
　프랑스 혁명 이후 모든 사람은 평등하다는 생각이 널리 퍼졌다. 이에 따르면 여성도 남성과 마찬가지로 교육을 받고 사회 활동을 할 수 있는 권리가 있다. 하지만 여성은 남성과 똑같은 사람으로 인정을 받지 못했다. 여성은 집안일만 해야 한다는 그릇된 생각은 사회 활동을 할 수 있는 권리를 부정했다. 여성의 지적 능력이 떨어진다는 비뚤어진 생각은 여성의 교육을 받을 권리를 부정한 결과였다.

♣95쪽

6. 예시 답안

　많은 여성이 독립 운동에 헌신했기 때문이다. 민족 차별에 맞서 싸우는 독립 운동 과정에서 여성 차별에도 눈을 떴다. 그래서 여성 차별을 없애기 위해 노력한 끝에 남성과 똑같은 선거권을 얻을 수 있었다.

7. 예시 답안

　더 많은 여성이 국민의 대표자로 뽑혀야 정치에 더 활발하게 참여할 수 있다. 참정권 가운데 선거권이 소극적인 권리라면 피선거권은 적극적인 권리이다. 여성들이 피선거권을 활용하여 국민의 대표자로 많이 뽑힐수록 중요한 나랏일을 결정하는 데 더 적극적으로 참여할 수 있다. 여성이 대표자로 뽑히면 여성들에게 더 많은 도움을 줄 수 있다는 점도 중요하다. 여성은 남성과 달리 아기를 낳고 기르는 데 훨씬 더 많은 부담을 지고, 이 때문에 사회 활동을 하기 어렵다. 여성 정치인은 남성 정치인보다 여성의 어려움을 더 깊이 이해하므로 여성의 권리를 더 효과적으로 지킬 수 있다.

## 12. 무역을 하는 까닭

♣ 101쪽

**1. 예시 답안**

무역이 이뤄지면 국내에서 생산하지 못하거나 비싼 물건을 손쉽고 싸게 살 수 있다. 그리고 경쟁력 있는 물건을 수출해 외화를 벌어들이고, 일자리가 늘어나 경제가 발전한다.

**2. 예시 답안**

|  | 자유 무역 | 보호 무역 |
|---|---|---|
| 장점 | -수출이 늘어나 경제가 발전한다.<br>-소비자는 싼값에 좋은 상품을 살 수 있다.<br>-다른 나라와 교류가 늘어 국가 간의 정치적 갈등이 감소한다. | -외국과 비교해 경쟁력이 약한 자국의 산업을 보호할 수 있다.<br>-관세를 매겨 정부의 수입을 늘릴 수 있다. |
| 단점 | -다른 나라보다 경쟁력이 약한 산업은 쇠퇴해서 일자리가 사라진다. | -소비자들은 값싼 수입품보다 비싼 국산품을 사야 한다.<br>-외국과 무역 갈등이 일어날 수 있다. |

**3. 예시 답안**

관세는 외국 상품이 마구 수입되는 것을 막아 자국의 산업을 보호하거나 발전시키기 위해 물린다. 수입품에 관세를 매기면 상품의 값이 그만큼 비싸지기 때문에 사려는 사람이 줄어든다. 따라서 비슷한 상품을 생산하는 국내 산업을 보호할 수 있다. 국가에서 세금을 걷으려는 목적도 있다. 저개발 국가에서는 나라 살림에 보태려고 높은 관세를 물리기도 한다.

♣ 102쪽

**4. 예시 답안**

다양한 상품을 생산하는 것보다 더 많은 이익을 얻을 수 있는 물건을 전문적으로 생산해서 수출하면 돈을 더 많이 벌 수 있기 때문이다. 예를 들어, 우리나라에서 스마트폰과 축구공을 만드는 기술이 다른 나라보다 뛰어나다고 생각해 보자. 같은 시간에 두 가지 상품을 모두 만드는 것보다 스마트폰만 만들어 팔았을 때 이익이 더 크다. 그러면 스마트폰만 생산해 수출하고 축구공을 수입하면 더 많은 돈을 벌 수 있다.

**5. 예시 답안**

우리나라에서 가공 무역이 발달한 까닭은 공업에 필요한 자원은 부족하지만, 숙련된 노동자가 많고 기술력이 우수하기 때문이다. 가공 무역이란 필요한 원자재나 중간 제품을 수입한 뒤, 국산 기술과 노동력으로 완성된 제품을 만들어 수출하는 방식이다. 가공 무역을 하면 외국의 자원과 시장을 활용해 국가 경제를 발전시키는 장점이 있다. 하지만 수입하는 원자재의 값이 오르면 생산비 부담이 커지는 데다, 수출이 어렵기 때문에 국가 경제가 어려움을 겪기도 한다.

♣ 103쪽

**6. 예시 답안**

다른 나라에 수출만 하고 관세를 매기는 등 수입을 제한하면, 다른 나라도 그 나라의 물건을 수입하지 않게 된다. 그러면 수출할 곳이 감소해 경제가 어려움을 겪을 수 있다. 따라서 수입을 막는 것보다 외국 상품과 겨뤄서 이길 수 있는 경쟁력을 길러야 한다. 값이 싸고 품질이 좋은 국산품을 만들면 수입품보다 더 잘 팔리고 수출도 늘어난다.

**7. 예시 답안**

일본은 지난 2018년 7월 우리나라의 대법원에서 내린 강제 징용 피해자 배상 판결을 문제 삼아 우리나라의 주력 수출품인 반도체 제조에 필요한 3개 제품의 수출을 금지했다. 일본이 수출을 규제한 제품들은 대부분 일본에서 수입하기 때문에 반도체 제조에 어려움을 겪었다.

우리나라 무역의 문제는 무역 상대국이 중국과 미국, 일본에 치우쳐 있다는 점이다. 따라서 이들 국가와 사이가 나빠지면 경제에 타격을 받는다. 이러한 문제에 대비하려면 무역 상대국을 늘려야 한다. 무역 상대국이 많으면 특정 국가와 문제가 생겨도 다른 나라의 수출입 물량을 늘릴 수 있다. 수출품의 핵심 부품이나 소재를 생산할 수 있는 국내 기업을 키우는 일도 중요하다. 그러면 외국에 의존하지 않고 안정적으로 산업을 발전시킬 수 있다.

## 13. 식물 공장이 인기를 끄는 까닭

♣ 109쪽

**1. 예시 답안**

땅이 없어도 채소를 키울 수 있다. 채소를 수확한 뒤 마트나 시장까지 배송하는 시간이 줄어 소비자가 신선한 채소를 먹을 수도 있다. 수확한 곳에서 판매하는 곳까지 배송 거리가 짧아져 운송비도 줄일 수 있다. 차로 운송하는 동안 배출되는 이산화탄소도 나오지 않는다. 그 지역에서 생산된 농작물을 사 먹기 때문에 지역 경제에도 도움이 된다.

**2. 예시 답안**

|  | 식물 공장 | 자연 재배 |
|---|---|---|
| 공통점 | -식물을 키워 식량으로 사용한다.<br>-식물을 키우는 데 빛과 영양분이 필요하다. ||
| 차이점 | -날씨의 영향을 받지 않는다.<br>-영양액과 인공 조명으로 식물을 키운다.<br>-자동화되어 있어 사람의 손길이 거의 필요 없다.<br>-외부와 차단된 건물의 재배 상자에서 키운다.<br>-병충해가 생기지 않는다.<br>-채소의 모양이나 품질이 일정하다. | -날씨의 영향을 받는다.<br>-흙과 햇빛으로 식물을 키운다.<br>-사람의 노동력이 많이 필요하다.<br>-땅에 식물을 심어서 키운다.<br>-병충해가 생길 수 있다.<br>-채소의 모양이나 품질이 제각각이다. |

**3. 예시 답안**

인구가 빠르게 늘어나고 있기 때문이다/지구 온난화로 농산물의 수확량이 줄고 농사지을 땅도 감소하고 있기 때문이다/고기 소비가 늘어나면서 농사를 지을 땅에 가축을 키우기 때문이다 등.

♣110쪽
4. 예시 답안
　외국에서 수입하는 곡물 값이 오르면 그 곡물로 만드는 식품도 값이 상승한다. 그러면 라면이나 빵, 과자, 국수처럼 수입 곡물로 만든 식품을 비싸게 사야 한다. 자연 재해로 외국의 곡물 수확량이 줄 경우 비싸게 주고도 사지 못해 굶주리는 사람이 생길 수 있다. 외국에서 식량 수출을 막으면 비싼 돈을 주고도 살 수 없게 된다.

5. 예시 답안
　시설 설치에 비용이 많이 든다/채소의 맛이 떨어진다/건물이나 시설 안에서 재배해야 하므로 키 큰 곡물과 과일은 키울 수 없다/24시간 인공 조명을 하려면 에너지가 많이 소비된다 등.

♣111쪽
6. 예시 답안
　학교에 식물 공장을 만들어 급식에 이용할 수 있다/쓰지 않는 건물에 식물 공장을 만들면 빈 공간을 활용할 수 있다/집이나 식당에 작은 식물 공장을 만들면 신선한 채소를 바로 요리해 먹을 수 있다/땅이 부족한 섬에 식물 공장을 만들어 곡물과 채소를 키울 수 있다 등.

7. 예시 답안
　병원에 식물 공장을 만들고 싶다. 식물 공장은 외부와 차단되어 있어 병충해가 생기지 않는다. 따라서 농약을 쓰지 않고서도 채소를 키울 수 있다. 또 영양액에 병을 치료하는 성분을 첨가해 특별한 효능을 지닌 식물을 재배할 수도 있다. 예를 들어 영양액에 칼륨을 적게 넣으면 콩팥이 안 좋은 환자를 위한 저칼륨 채소를 생산할 수 있다. 암 치료에 도움이 되는 성분을 넣은 케일은 일반 케일보다 항암 효과가 크다. 입원 환자들은 병의 치료에 도움이 되는 채소로 만든 음식을 먹으면 빨리 낫는 데 도움이 되고, 통원 환자들은 병원에 왔을 때 자기 병을 치료하는 성분이 든 채소를 구입할 수 있다.

## 14. 미세 먼지가 일으키는 피해

♣117쪽
1. 예시 답안

|   | 미세 먼지 | 황사 |
|---|---|---|
| 공통점 | 공기 중에 떠 있는 작은 먼지이다. ||
| 차이점 | -몽골의 고비사막 등 건조한 지역에서 날아온 모래 먼지이다.<br>-3~5월에 발생한다. | -주로 사람들의 활동으로 만들어지는 대기 오염 물질이다.<br>-1년 내내 발생한다. |

2. 예시 답안
　겨울에는 화석 연료를 이용하는 난방이 늘어 다른 계절보다 미세 먼지 배출량이 증가하기 때문이다. 공기의 순환이 느리고 강수량이 줄어드는 까닭도 있다. 지표면 근처의 온도가 낮아서 공기가 하늘 높이 상승하지 못하고 지표면 근처에 머물게 된다. 따라서 미세 먼지도 지표면 근처에 머무르면서 농도가 짙어지는 것이다.

3. 예시 답안
　식물의 꽃가루나, 운동장 또는 흙길에서 생기는 흙먼지 등이 있다. 화산이 폭발할 때 나오는 화산재와 화산 가스, 바닷물이 증발하면서 생기는 소금 가루도 미세 먼지에 속한다.

♣118쪽
4. 예시 답안
　우리나라에서 발생하는 미세 먼지는 주로 석탄을 태워 전기를 생산하는 화력 발전소나 공장에서 나오는 매연, 자동차의 배기 가스에서 나온다. 여기에 중국에서 발생한 미세 먼지가 바람을 타고 들어와 영향을 주기도 한다.

5. 예시 답안
　식물은 미세 먼지가 심한 날이 많을수록 햇빛을 충분히 받지 못한다. 그리고 미세 먼지가 식물의 잎에 내려앉으면 공기 구멍까지 막혀 양분을 제대로 만들지 못한다. 따라서 농작물의 경우 열매를 맺지 못하거나 수확량이 감소한다. 미세 먼지가 섞인 산성비는 식물의 잎에 있는 엽록체를 파괴한다. 엽록체는 식물이 양분을 만드는 데 중요한 역할을 한다. 토양과 물을 오염시켜 식물의 뿌리도 상하게 만든다. 그러면 물과 양분을 흡수하지 못해 말라 죽는다.

♣119쪽
6. 예시 답안
　미세 먼지를 발생시키는 원인과 기후 변화를 일으키는 이산화탄소 배출 요인이 같기 때문이다. 미세 먼지는 주로 석탄이나 석유 등 화석 연료를 태울 때 나오는 매연과 자동차의 배기 가스 등에서 나온다. 이때 이산화탄소도 함께 배출되는 것이다. 따라서 미세 먼지를 줄이면 지구 온난화의 주범인 이산화탄소의 배출량도 줄어들어 기후 변화에 대응할 수 있는 효과가 있다.

7. 예시 답안
　미세 먼지에서 건강을 지키려면 미세 먼지의 농도가 높은 날에는 되도록 외출하지 말아야 한다. 외출할 경우 미세 먼지를 차단할 수 있는 마스크를 꼭 착용한다. 외출을 마치고 집에 돌아온 뒤에는 옷에 붙은 먼지를 떨어내거나 세탁하고, 몸을 깨끗하게 씻어 피부에 묻은 미세 먼지를 없애야 한다. 실내의 미세 먼지를 줄이려면 요리할 때 환풍기를 틀어 집안의 공기를 바깥으로 내보내고, 평소에 창문을 열어 환기를 자주 시켜야 한다. 물을 자주 마시고, 미역이나 파래 등 해조류를 많이 먹으면 미세 먼지를 몸 밖으로 배출하는 데 도움이 된다.

## 15. 고인돌을 왜 만들었을까

♣125쪽

**1. 예시 답안**

| 종류 | 특징 |
|---|---|
| 탁자식 | 두 개의 높은 받침돌을 세운 뒤 그 위에 납작한 덮개돌을 얹었다. 무덤방은 지상에 막음돌을 놓아 만들었다. |
| 바둑판식 | 지하에 무덤방을 만들고, 4~8개의 받침돌을 낮게 세운 뒤 그 위에 덮개돌을 올렸다. |
| 덮개돌식 | 지하에 무덤방을 만들고, 받침돌 없이 바로 덮개돌을 얹었다. |

**2. 예시 답안**

고인돌을 만들려면 많은 인력을 부릴 수 있는 힘이 있어야 하기 때문이다. 어른 한 명이 끌 수 있는 돌의 무게는 120~160kg쯤 되는데, 30~40톤(1톤은 1000kg)이 넘는 고인돌의 덮개돌을 운반하려면 약 200명의 인력이 필요하고, 200톤짜리는 1400명이 필요하다. 따라서 이렇게 많은 인력을 부리려면 강력한 힘을 가진 지도자가 아니면 어려웠을 것이라고 본다.

**3. 예시 답안**

한반도 북쪽이나 만주에서는 주로 탁자식 고인돌이, 남쪽에서는 바둑판식 고인돌이 많이 발견되고, 덮개돌식 고인돌은 전국에 분포한다. 이렇게 발견된 지역에 따라 형태가 다른 까닭은 각 지역의 매장 풍습이 달랐기 때문이라고 추측한다. 따뜻한 남쪽에서는 땅을 파고 시신을 묻었기 때문에 무덤방을 지하에 만들었다. 이에 비해 북쪽에서는 겨울에 언 땅을 파기 어려워서 시신을 처리한 뒤 뼈를 모아 무덤을 만드는 풍습에 따라 무덤방을 지상에 만들었다.

♣126쪽

**4. 예시 답안**

| 만드는 과정 | 이용된 과학과 기술 |
|---|---|
| 돌 마련하기 | 돌을 떼 내는 과정에서 팽창의 원리를 이용했다. 물을 머금은 말뚝이 부피가 커져 돌판이 암벽에서 떨어져 나오도록 했다. 돌을 옮기는 과정에서는 바퀴의 원리를 이용해 통나무 위에 돌판을 올려 옮겼다. |
| 받침돌 세우기 | 받침돌을 세울 때는 지렛대의 원리를 이용해 돌을 세우고, 작은 돌을 사이에 끼워 단단히 세우는 쐐기의 원리도 이용했다. |
| 덮개돌 올리기 | 덮개돌을 올릴 때는 빗면의 원리가 이용되었다. 흙으로 언덕을 쌓아 빗면을 이용하면, 수직으로 돌을 들어 올릴 때보다 힘을 덜 들일 수 있었다. |

**5. 예시 답안**

청동기 시대에는 농사짓는 기술이 발달하면서 신석기 시대보다 생산량이 크게 늘어 재산에 따라 계급이 나뉘었다. 그리고 강한 부족이 전쟁 등을 통해 다른 부족을 통합하는 과정에서 많은 재산과 큰 권력을 가진 지배자들이 나오게 되었다. 지배자들은 자기가 다스리는 공동체에서 자신의 권력을 아무도 넘볼 수 없도록 해야 했다. 따라서 자신의 힘을 드러내기 위해 많은 사람을 동원해 고인돌을 만들었을 것이다.

♣127쪽

**6. 예시 답안**

우리나라에서는 별자리가 새겨진 고인돌이 여럿 발견되었다. 특히 평안도 증산에서 발견된 고인돌에서는 북극성을 중심으로 큰곰자리 등 11개의 별자리가 확인되었다. 청동기 시대에는 농사를 지으려면 별자리를 보고 계절의 변화를 알았다. 청동기 사람들이 고인돌에 별자리를 새긴 까닭은 농사를 지으려면 계절의 변화를 알아야 했기 때문에 다음 세대에 천문학 지식을 전해 주었거나, 풍년을 기원하는 의미가 들어 있었을 것이라고 짐작한다.

**7. 예시 답안**

청동기 시대의 고인돌이 도시 개발 과정에서 훼손되거나 사라지고 있다. 문화재는 조상의 지혜와 역사가 담겨 있는 귀중한 유산이다. 문화재를 통해 조상들의 과거 생활 모습을 짐작할 수 있고, 역사를 공부하는 데도 중요한 자료가 된다. 또, 우리 문화를 발전시킬 수 있는 밑거름이 되기도 한다.

고인돌을 보호하려면 먼저 지방자치단체에서 각 지역의 고인돌을 파악해 관리하고, 지역 주민이 함부로 다루지 않도록 알려야 한다. 그리고 도시 개발 과정에서는 고인돌의 원래 모습을 보존하겠다는 약속을 받고 개발 허가를 내 줘야 한다. 꼭 다른 곳으로 옮겨야 한다면 원래의 모습 그대로 복원하도록 감시하는 일도 중요하다.

## 16. 국보란 무엇인가

♣133쪽

**1. 예시 답안**

건축물, 책, 그림, 글씨, 공예품처럼 형태가 있어서 눈으로 볼 수 있는 문화재를 말한다.

**2. 예시 답안**

|  | 국보 | 보물 |
|---|---|---|
| 공통점 | 역사적, 예술적으로 가치가 커 법으로 지정해 보호하는 문화재이다. ||
| 차이점 | 보물 가운데 특별히 뛰어난 작품이다. | 문화재 가운데 뛰어난 가치를 지닌 작품이다. |
| 종류 | 세한도<br>석굴암<br>첨성대<br>숭례문 | 흥인문<br>석빙고<br>경주 얼굴무늬 수막새 |

**3. 예시 답안**

| 1 | 만들어진 연도가 최소한 100년을 넘었는가? |
|---|---|
| 2 | 만들어진 시대를 대표하는가? |

| 3 | 가장 우수한 유물인가? |
|---|---|
| 4 | 다른 유물보다 특이한 점이 있는가? |
| 5 | 역사적 인물과 깊은 관련이 있는가? |

♣ 134쪽
4. 예시 답안
  자기 재산이라고 해도 국가에서 법으로 보호하는 문화재이기 때문에 자기 마음대로 처분할 수 없다. 또 우리 문화재의 우수함을 알릴 의무가 있기 때문에 일반인에게 국보를 공개해야 한다.

5. 예시 답안
  석굴암은 통일신라 때 김대성이 경상북도 경주의 토함산에 지은 암자입니다. 균형이 잘 잡혀 있고 아름답습니다. 불교의 힘을 빌려 나라를 지키려고 했던 조상들의 바람이 잘 나타나 있습니다. 석굴암은 건축과 수학, 종교, 예술적인 우수성을 인정받아 1995년 유네스코가 지정하는 세계문화유산에 올랐습니다.

♣ 135쪽
6. 예시 답안
  우리나라 국보 1호인 숭례문은 2008년 일어난 화재로 돌로 된 부분만 남기고 모두 타 버렸다. 숭례문은 복원되었지만, 국보의 가치를 잃었기 때문에 국보 1호에서 제외해야 한다는 주장이 있다. 그러나 숭례문은 오랫동안 우리나라의 국보 1호의 자리를 지켜왔다는 의미가 있고, 원래의 모습에 가깝게 복원되어 문화재의 가치도 충분하다. 또 문화재를 잘 보존해야 한다는 교훈이 되므로 국보 1호를 유지해야 옳다.

7. 예시 답안
  문화재 보호에 국민의 참여가 필요한 까닭은, 국민이 문화재에 관심을 가져야 나라에서도 문화재 보호에 신경을 더 많이 쓰기 때문이다. 문화재는 전국 곳곳에 분산되어 있기 때문에 정부와 지방자치단체의 손길이 전부 미치지는 못한다. 따라서 국민이 문화재 보호에 관심을 가질 경우 훼손 사고가 나지 않고, 정부에서도 문화재가 잘 관리되는지 항상 점검하게 된다.
  **국보를 보호하려면 문화재 지킴이 프로그램**에 참가해 자기 지역의 문화재를 깨끗이 관리하고, 손상된 부분이 없는지 살핀다. 문화재에 훼손된 부분이 있다면 사진을 찍어 문화재청에 신고하거나 지방자치단체에 제보한다. 드론을 띄우면 건축물이나 불상 등의 문화재를 자세히 살필 수 있다.

## 17. 세계문화유산 석굴암

♣ 141쪽
1. 예시 답안
  인도에서는 큰 바위나 암벽에 굴을 뚫고 불상을 놓아 절을 만들었다. 석회석과 대리석으로 된 바위가 많았기 때문에 바위 위에 불상을 직접 조각하거나 굴을 파서 사원을 만들기가 쉬웠다. 이에 비해 석굴암은 화강암을 다듬어 벽과 지붕을 쌓아 올려 굴을 만들고, 그 위를 흙으로 덮어 완성했다. 신라의 바위는 주로 단단한 화강암으로 이뤄져 있어 직접 석굴을 파기 힘들었기 때문이다.

2. 예시 답안

| 구조 | 쓰임새 | 생긴 모양 |
|---|---|---|
| 전실 | 예배와 공양을 하는 곳이다. | 직사각형 |
| 비도 | 전실과 주실을 잇는 복도이다. | 직사각형 |
| 주실 | 본존불인 석가여래 좌상을 모신 곳이다. | 원형 |

3. 예시 답안
  석굴암의 지붕을 덮은 흙의 무게를 지탱할 수 있게 하기 위해서이다. 아치는 양 끝에 기둥을 세우고 그 위에 돌이나 벽돌 등을 곡선형으로 쌓아 올리는 건축 방법이다. 아치형으로 건물을 지으면 윗부분에서 누르는 힘이 수직으로 전달되지 않고 아치의 곡선을 따라 기둥과 땅으로 골고루 분산된다. 따라서 무게가 무거워도 지탱할 수 있다.

♣ 142쪽
4. 예시 답안
  신라인들은 석굴암 내부의 습기를 제거하기 위해 덥고 습한 공기가 차가운 물질과 만나면 물방울로 변하는 원리를 이용했다. 석굴암의 외벽에는 자갈을 쌓았는데, 여름에 습기를 머금은 공기가 차가운 자갈층과 만나면 물방울이 맺혀 자갈로 스며들고, 습기를 잃은 차가운 공기만 내부로 들어가도록 한 것이다. 또 석굴암의 바닥 아래로 지하수를 흐르게 했다. 바닥에 깔린 돌들이 지하수에 열을 빼앗겨 차가워지면 실내에서 생긴 습기가 이들 돌에 물방울로 맺혀 떨어져서 지하수와 함께 밖으로 흐르도록 했다. 따라서 불상에 이슬이 맺히고 곰팡이가 피는 것을 막을 수 있었다.

5. 예시 답안
  유네스코는 석굴암의 뛰어난 예술적 가치를 인정했다. 특히 주실 중앙의 본존불은 세계에서 가장 아름다운 불상이라는 평가를 받는다. 석가모니가 깨달음을 얻었을 때의 표정과 모습을 완벽하게 표현했다고 보기 때문이다. 깊은 생각에 잠긴 듯 가늘게 뜬 눈과, 엷은 미소가 담긴 입술은 지혜롭고 자비로운 모습을 잘 나타냈다. 그리고 옷자락은 자연스럽게 늘어뜨리고 주름을 잡아 사실적으로 표현했다. 또 얼굴과 가슴, 어깨, 무릎의 너비를 1:2:3:4의 비율로 만들어 아름답고 안정감 있게 보이도록 했다. 벽면에 남은 38개의 조각상도 각각 개성이 뚜렷하고, 생동감이 느껴지도록 조각되어 있다.

♣ 143쪽
6. 예시 답안
  석굴암의 내부의 너비와 길이를 정할 때 비례의 원리를 적용했기 때문이다. 석굴암 주실의 반지름(356.4㎝)을 기준으로 너비는 두 배, 길이는 네 배로 설계해 안정감과 균형감을 느낄 수 있도록 했다.

7. 예시 답안
  석굴암은 1909년에 천장이 무너진 채 발견되었다. 그런데 일본인들이 훼손된 곳을 보수한 뒤부터 원래의 모습을 잃고, 내부에 습기가 차서 곰팡이가 생기는 등의 문제가 발생했다. 석굴암의 건축 방법을 연구하지 않고 마구잡이로 공사했기 때문이다. 따라서 문화재를 복원하려면 먼저 옛날 기록을 찾아 그 문화재가 만들어진 시기나 과정, 방법을 조사해야 한다. 남겨진 정보가 없거나 적다면 비슷한 문화재를 참고한다. 그리고 재료의 성질을 파악한 뒤 복원해야 사라진 부분을 어떤 재료를 써서 어떻게 복원할지 알 수 있다. 최근에는 디지털 기술을 이용해 문화재를 복원하는 기술이 발달했다. 3D 스캐너로 훼손된 부분을 정확하게 파악한 뒤, 3D프린터를 이용해 원래의 모습대로 만드는 방법이다.

## 18. 발견과 발명

♣149쪽

1. 예시 답안

|  | 발견 | 발명 |
|---|---|---|
| 공통점 | 생활에 편리함을 준다. ||
| 차이점 | 사람의 노력이 필요할 때도 있지만 우연히 이루어지기도 한다. | 사람의 노력이 반드시 필요하다. |

2. 예시 답안

　돌이나 나무 등 딱딱한 물체가 서로 부딪혔을 때 불꽃이 일어나는 현장을 목격했을 것이다/벼락을 맞은 나무에서 불이 난 것을 발견했을 것이다 등.

3. 예시 답안

| 발명가의 처음 생각 | 나쁘게 사용되는 사례 |
|---|---|
| 독일의 과학자가 우주 여행을 가기 위해 로켓을 발명하기 시작했다. | 로켓이 미사일 개발에 사용되었다. |
| 발명할 때 주의할 점 ||
| -자신의 발명품이 사회에 어떤 영향을 미칠지 생각해야 한다.<br>-자신의 발명품이 사회에 미치는 영향에 책임감 있는 자세를 보여야 한다. ||

♣150쪽

4. 예시 답안

　누구나 손쉽고 편리하게 쓸 수 있게 만들었기 때문이다. 구텐베르크의 인쇄술은 글자를 조립해 여러 가지 책을 빠르게 인쇄할 수 있게 했고, 백열전구는 과거 전구보다 오랫동안 사용할 수 있어 밤에도 활동할 수 있도록 했다. 스마트폰도 손가락으로 화면을 두들겨 누구나 쉽게 사용할 수 있게 만들었다.

5. 예시 답안

| 발명품 이름 : 조미료 ||
|---|---|
| 발명품이 나오기 전 생활 | 발명품이 나온 뒤의 생활 |
| 국물 요리나 반찬을 만드는 데 오랜 시간이 걸렸다. | -누구나 쉽게 비슷한 맛의 요리를 할 수 있게 되었다.<br>-요리를 하는 시간이 단축되었다. |

♣151쪽

6. 예시 답안

　발명을 잘하려면 호기심을 가져야 한다. 발명은 자신이 익숙하게 사용하는 물건을 어떻게 만들었는지, 불편하거나 부족한 점은 없는지 스스로 묻는 데서 출발하기 때문이다. 여러 분야에 관심을 가지는 것도 발명에 도움을 준다. 다양한 분야의 아이디어를 합쳐도 훌륭한 발명이 나올 수 있기 때문이다. 아이디어가 있어도 행동하지 않으면 발명품이 나오지 않기 때문에 실천력도 중요하다.

7. 예시 답안

　풀과 본드, 순간접착제를 함께 사용할 수 있는 도구를 발명한다. 검정색, 빨간색, 파란색 펜을 함께 쓸 수 있는 3색 펜이 있다. 3색 펜 모양과 비슷하지만 잉크 대신에 풀, 본드, 순간접착제를 넣어 함께 사용할 수 있게 만든다. 종이를 붙일 때는 풀을 사용하고, 플라스틱을 붙일 때는 순간접착제를 사용하는 등 필요한 접착력의 정도에 따라 편리하게 골라서 사용할 수 있다. 또 중간 정도의 접착력이 필요할 때는 풀과 본드, 순간접착제를 적절히 섞어 사용할 수도 있다. 이러한 발명품을 만들면 풀과 본드, 순간접착제를 함께 사용하는 도구를 필통에 펜처럼 넣어서 편리하게 휴대할 수 있다.

## 19. 냉장고가 바꾼 인류의 생활

♣157쪽

1. 예시 답안

　신문을 찍는 인쇄판을 다시 쓰기 위해 에테르로 닦아 내다가 에테르가 증발하면서 손이 시리고 인쇄판이 차가워지는 현상을 발견했다. 그래서 이 원리를 이용해 냉장고를 발명했다.

2. 예시 답안

　겨울에 강물이 두껍게 얼면 얼음 채집에 나선다. 얼음을 깨고 톱으로 잘라 낸다. 잘라 낸 얼음은 커다란 꼬챙이를 이용해 끌어올린다. 얼음은 미끄러지기 쉽기 때문에 지푸라기로 묶는다. 그 뒤 소달구지에 실어 옮겨서 석빙고에 차곡차곡 쌓아 둔다.

3. 예시 답안

　상한 음식을 먹고 아픈 사람이 줄었다. 온도가 낮은 곳에서는 미생물과 세균이 활발히 활동하지 못한다. 따라서 냉장고가 나오면서 음식을 오랫동안 신선하게 보관할 수 있게 되었다. 또 여러 종류의 신선 식품을 섭취할 수 있게 되어 이전보다 건강이 나아졌다.

♣158쪽

4. 예시 답안

　냉장고의 내부에는 냉매가 들어간 파이프가 구불구불하게

이어져 있다. 냉매는 원래 기체인데, 응축기를 통해 압력을 가하면 액체로 바뀌면서 열을 낸다. 냉장고의 뒷부분이 뜨거워지는 까닭이 여기에 있다. 액체가 된 냉매가 증발기를 통과하면 다시 기체로 변하면서 주변의 열을 빼앗아 냉장고의 온도가 낮아진다. 이러한 과정이 반복되면서 냉장고의 온도가 일정하게 유지된다.

**5. 예시 답안**

냉장실 온도가 낮아 미생물이나 세균이 활발하게 활동하지 못하기 때문이다. 보통 미생물과 세균은 온도가 높으면 활발하게 번식한다. 냉장실 온도는 평균 2~3도 정도로 실온보다 낮다. 그래서 냉장고에 보관한 식품은 바깥에서 보관할 때보다 더 오래 신선함을 유지할 수 있다.

♣159쪽
**6. 예시 답안**

뉴질랜드에 있는 키위 농장에서 키위를 수확한다. 대형 냉장 시설을 갖춘 배나 비행기에 실어 우리나라에 수출한다. 우리나라에 도착하면 다시 냉장 트럭에 실어 마트나 시장으로 운반한다. 냉장 상태로 운송하고 보관하기 때문에 과일이 상하지 않는다. 소비자는 마트나 시장에서 구입한 키위를 집으로 가져온다.

**7. 예시 답안**

-꽃을 시들지 않게 보관하는 냉장고를 만들고 싶다. 꽃이 피었을 때 냉장고에 넣어 두면 꽃이 피지 않는 겨울에도 아름다운 모습을 감상할 수 있기 때문이다.
-사람의 장기나 신체 조직이 손상되지 않게 오래 보관할 수 있는 냉장고를 만들고 싶다. 아픈 사람들이 장기 이식이나 수술을 받아 건강을 찾는 데 도움이 되기 때문이다.

## 20. 디지털 영상 지도를 만드는 방법

♣165쪽
**1. 예시 답안**

스마트폰이나 컴퓨터 등 전자기기가 없으면 디지털 영상 지도를 이용할 수 없다. 그리고 인터넷이 연결되어 있지 않아도 이용하지 못한다.

**2. 예시 답안**

디지털 영상 지도는 교통이나 관광, 환경 보호 등 공간 정보가 필요한 거의 모든 분야에 활용된다. 먼저 낯선 곳에서 길과 건물을 찾고, 여행지 정보를 얻을 수도 있다. 나라에서는 도시 개발 계획을 효율적으로 세울 수 있다. 재해 지역을 쉽게 파악해 피해를 줄이고, 인명 구조에도 이용한다. 날씨를 예보하고, 대기 오염의 수준과 미세 먼지 등의 오염 물질이 이동하는 경로를 파악한다. 삼림 훼손이나 바닷물 오염 등을 감시해 환경을 보호하고, 멸종 위기 동물을 보호하는 데도 이용한다.

**3. 예시 답안**

항공 사진은 지상 2~6km 높이에서 찍기 때문에 비무장 지대와 북한 지역은 찍을 수 없다. 따라서 이 지역은 인공위성에서 찍은 영상 자료를 이용해 만든다. 하지만 남한 지역은 위성 사진보다 화질이 선명한 항공 사진을 이용한다.

♣166쪽
**4. 예시 답안**

정확한 위치를 정하는 데 필요하기 때문이다. 지도에 나타난 지형과 물체는 위치가 정확해야 한다. 따라서 기준점을 바탕으로 정확한 위치를 정해야 한다. 수평적 기준점을 중심으로는 특정 지점의 좌표(경도와 위도)가, 수직적 기준점을 중심으로는 높이가 정해진다.

**5. 예시 답안**

디지털 영상 지도 서비스는 빅 데이터 분석 기술, 머신 러닝 기술의 발달로 가능해졌다. 빅 데이터 분석 기술이란 디지털 공간에서 수집한 다량의 정보를 분석해 사람들이 원하는 정보를 제공하는 기술이다. 머신 러닝 기술이란 기존의 정보와 새로운 정보를 비교해 정보에 변화가 생겼을 경우 자동으로 알려 주는 기술이다.

디지털 영상 지도가 여러 분야에 응용될 수 있는 까닭은 이러한 기술과 공간 정보를 합치면 목적에 맞는 새로운 지도를 만들 수 있기 때문이다. 국가에서는 공간 정보를 수치(디지털)로 바꾸어 누구나 이용할 수 있도록 했다. 공간 정보는 지상의 지형과 물체를 수치화한 것이다. 공간 정보와 빅 데이터 분석 기술, 머신 러닝 기술로 얻은 정보를 합하면 다양한 분야에서 목적에 따라 원하는 대로 새로운 지도를 만들 수 있다.

♣167쪽
**6. 예시 답안**

특정 지역의 과거와 현재를 비교해 지역의 모습 변화를 한눈에 살필 수 있다/콜택시나 음식 배달 웹에서는 택시나 음식이 어디쯤 오고 있는지도 알 수 있다/나라에서는 지하에 묻힌 상수도관이나 가스 배관 등을 지도에 표시해 사고가 발생했을 때 정확한 위치를 쉽게 파악하고 신속하게 복구할 수 있다 등.

**7. 예시 답안**

구글은 20년 전부터 군사 시설 등 우리나라의 중요한 시설이 드러난 지도를 인터넷 웹을 통해 제공하고 있다. 우리 정부는 관련 정보의 삭제를 요청했지만, 구글은 이를 무시하고 있다. 우리나라는 남북한으로 나뉘어 군사적으로 대치하고 있다. 따라서 중요한 시설의 위치 등 정보가 노출되면 국가 안보에 위협이 된다. 이런 시설이 공격을 받기 쉽기 때문이다.

이러한 문제를 해결하려면, 정부에서는 구글에 관련 정보를 삭제해 달라고 좀 더 강력하게 요구해야 한다. 프랑스 등 선진국의 중요한 시설을 흐리게 처리한 예를 들어 이런 나라와 형평성을 맞추어 달라고 요구해야 한다. 요구를 들어 주지 않을 경우 구글이 우리나라에서 사업하는 데 불이익을 주는 조치도 취한다.

-끝-

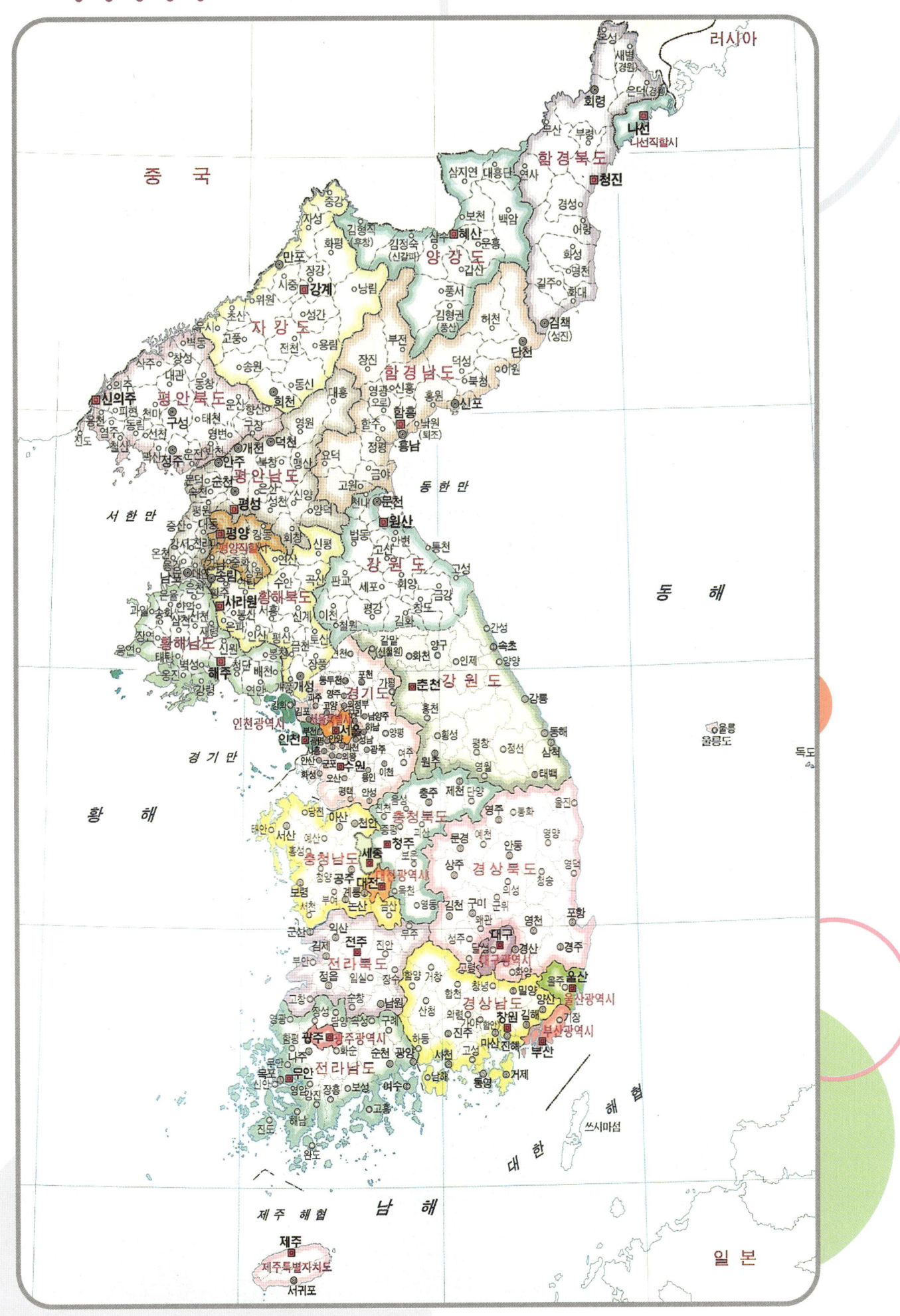

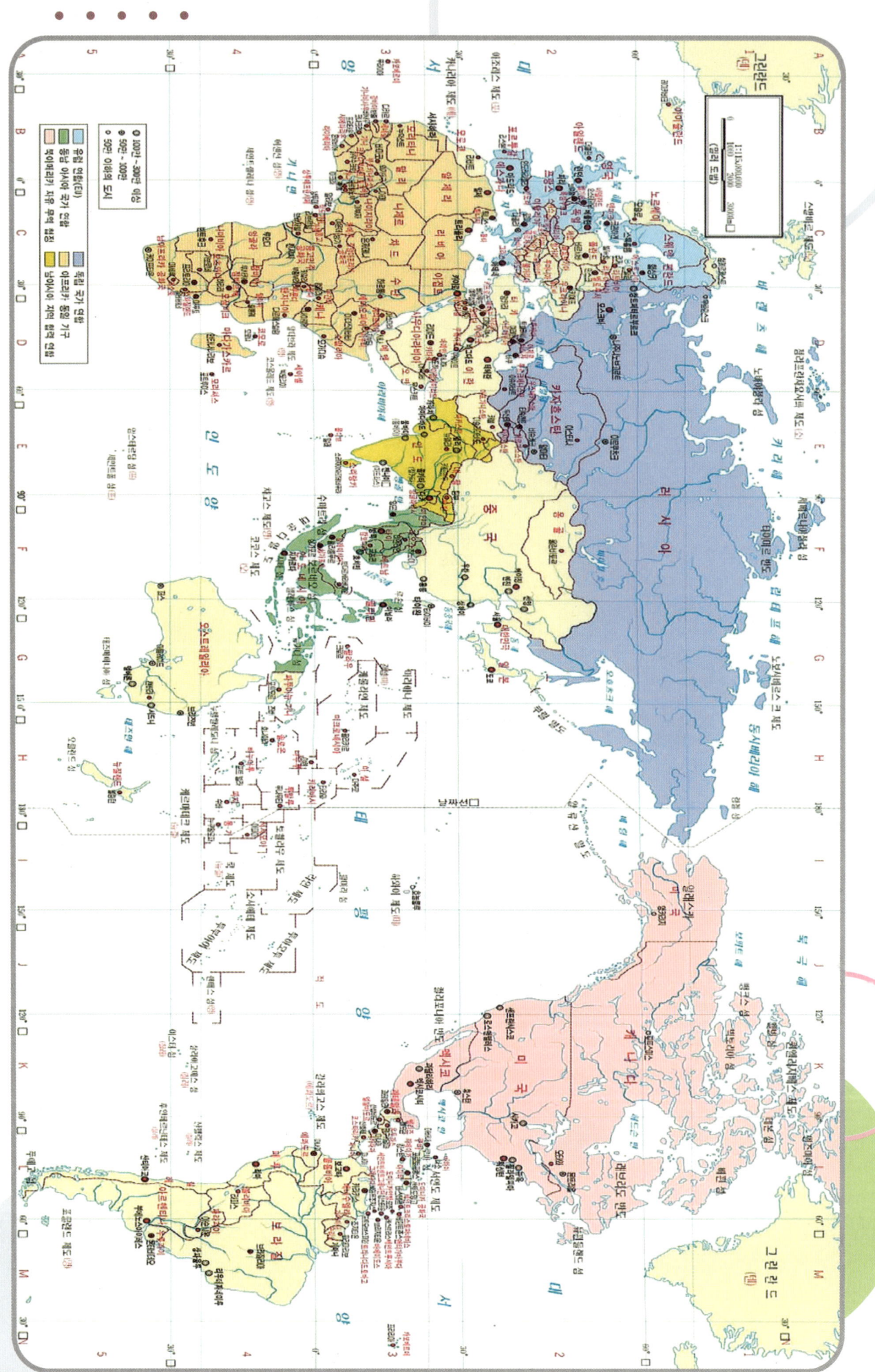